渋沢栄一 100の言葉

日本人に贈る
混迷の時代を生き抜く心得

津本 陽 監修

宝島社

渋沢栄一 100の言葉

津本 陽 監修

渋沢栄一の生涯

津本　陽

渋沢栄一は1840（天保11）年、武蔵国榛沢郡（埼玉県深谷市）血洗村島に生まれた。生家は豪農で、藍の事業に力をそそいでいた。

大きな規模の紺屋は年に数百両の藍玉を染色に使う。藍玉は7月から8月にかけて成長し、径3尺ほどになる蓼藍《たであい》を刈りとって葉をむしり、それを納屋に敷いたむしろに積みかさね、水をかけ2カ月ほど発酵させてつくる。

それを臼でつき、黒い餅のようにして団子に丸めたものが藍玉である。発酵した蓼藍の葉の品質を見分けて仕入れ値をきめ、売り手の農民と交渉するのが藍商人の技術であった。

藍の品質は肥料の使い方、天気、地味、水利、栽培の手腕により違ってくる。それを詳しく見分けて交渉すれば、商人の手にする利益も大きくなる。

藍玉の値段は馬一頭に積む36貫について20両、売買利益は3両から5両であったが、安く仕入れ、上手に発酵させれば、10両ほどにふえることもある。

栄一の父・市郎右衛門は年間の藍玉販売額が1万両という大手商人であった。

1853（嘉永6）年6月、アメリカのペリー艦隊が浦賀沖にあらわれた夏、13歳の栄一ははじめて藍買付けに出向き、子どももと思えない巧みな買値交渉をした。

市郎右衛門の息子というが、子どもだと見た百姓たちは高値で藍を買わせようとした。だが栄一は父について交渉の様子を幾度か見ていたので、まったくつけこまれない。

「この葉はこやしに〆粕を使っていねえ。こっちは乾きがよくねえな。茎の切りかたがぞんざいで下っ葉が枯れていらあ」

栄一ははじめての買い付けで、市郎右衛門が感心するほどの成績をあらわした。彼には性来の鋭敏な感覚がそなわっていて、変転のはげしい時代にむかう前途の苦難を独自の判断できりひらいてゆく。

栄一は叔父に連れられ江戸見物に出向いたとき、一ツ橋から江戸城内へ迷いこみ、桔梗門《ききょうもん》へ入ると、2、3人の中間《ちゅうげん》に捕えられ物置へ放りこまれ、叔父にすすめて一分金をさしだすと、たちまち解放してくれた。栄一は幕府以下の諸大名らが、百姓町人のわずかな稼ぎをしぼりとっている腐りきった世のなかを嫌うようになった。

血洗島村の領主・安部摂津守は、ときどき代官所へ御用金をさしだすよう命じてくる。栄一が17歳の頃には、御用金といって取りたてられた金は3000両ほどになっていた。

栄一には儒者、剣客として名を知られた従兄弟が5人いた。京都では長州を中心とした攘夷運動がさかんに行われ、血洗島村にも尊攘浪士がたずねてくるようになった。栄一は農閑期には江戸へ出て千葉周作の玄武館道場に入門し、剣術稽古にはげみつつ国事に志を抱く同志を求めようとした。

栄一は1858(安政5)年、19歳で従妹・千代と結婚するが、1863(文久3)年3月、同志80人を集め、高崎城を占領して軍備をととのえ横浜焼き討ちをしかける計画をきめた。同年11月に義挙を決行することとなったが江戸の道場で一橋家の家臣・川村恵十郎と知りあい、一橋家用人・平岡円四郎から仕官をすすめられていた。一橋慶喜はまもなく上京する。

義挙をやればたぶん死ぬだろうが、今後の情勢しだいではどんな変化がおこるかもしれないと、藍玉商売で鍛えた感覚で平岡に家来として上洛するときは、関所、宿駅を平岡の家来として通行してよいという許可を得た。そのうち京都では8月18日の政変がおこり、薩摩が会津と手を組み、長州勢力は七卿落ちで、京都を追い払われた。栄一は幕府役人に捕縛される危険が身に迫ったので、従兄の渋沢喜作とともに一橋家の家来となるため上洛した。そうしなければ国事犯として捕えられる運命にあった。

栄一の運命は窮地を脱する。幕府は探索の手を京都まで伸ばしていたが、一橋家の家来には手がつけられなかった。栄一は商才を発揮して、一橋家領内の米、野菜、魚などの産物を高値で売る。

また元治元(1864)年、蛤御門の変のあと一橋領内の農民から壮丁を募集し、1000人ほどの歩兵隊を組織した。慶応元(1865)年、第二次長州征伐のまえ、徳川慶喜が第15代将軍となったが、栄一は鬱々として前途を悲観していた。このままでは幕府が1、2年のうちに潰されると思っていたからである。そこへ予想もしなかった話がおこった。慶応3(1867)年正月、フランスで博覧会が催され、日本からはフランス公使のすすめで民部公子が派遣されることになった。民部公子は慶喜の弟、15歳の徳川昭武である。慶喜は昭武には7人の小姓と御傅役がついてゆくが、万事に機転のきく栄一を勘定役として随行させよと命令した。

このとき栄一の運命は大きく変わった。海外には白人の支配する大きな国々と、牛馬のように頤使《いし》に甘んじる現地人がいた。栄一は眼のくらむような外国文明に威圧され、虚勢を張ろうとする他の武士たちとは違い、その文化に好奇心をそそられ、融けこむ。上下水道、電信装置、汽車での旅。五色のガス灯に飾られた都市の夜景、万を超える職工がはたらく紡績工場。市中には20人ほども乗せる軽気球が空に浮いていた。パリには高層建築の大病院がある。きわめて清潔で、シャワー、風呂で日本で高価なシャボンが使われている。パリにはヨーロッパ諸国に通じる鉄道が集まっている。

各国の事業規模が日本とはかけはなれて大きいのは合本《がっぽん》(株式)組織で、資金をひろく民間から募集しているためであった。その事情を栄一は名誉領事フロリ・ヘラルトから教わった。

バンクというところから金を出入し、為替も取り扱わせる。国家の借用証文である公債も証書も資金融通をする。合本法(株式制度)で鉄道を運営し、借用証文(株式)を発行する。各企業の証文を売買する市場(証券取引所)で民が利殖をはかることもできる。

幕府が崩壊し、昭武に従い慶応4(1868)年9月にマルセイユを離れるまでの間に、先進諸国を支えている巨大な金融機関の構成、運営法を幾冊かのノートに記録していた栄一は、帰国後徳川家から大蔵省、民間へと活躍の足跡をひろげてゆく。ナショナル・バンクを設立するとき、「金行」「銀舗」などの案が出て「銀行」にきまった。「資本」という言葉がなく「財本」といった時代である。栄一は日本を近代国家とするために営利事業500を創立した。非凡な感受性に導かれ、生涯を国家のために尽力した偉材であった。私は栄一の数奇な体験に対処した鋭利な感受性に心をひかれた。

目次

第1章　経営と実業

第2章 国家と社会

第3章 教育と人生

第4章 成功と失敗

●本文中、写真は言葉の内容や時期と合致していない場合があります。また、敬称は略しています。
●掲載している言葉のなかには、趣旨を変えることなく抜粋・中略を行っている場合があります。また、旧字・漢語表現は現代語訳に改めてあります。その際には以下の書籍を参考にさせていただきました。渋沢栄一著『国富論』『徳育と実業』『立志の作法』『先見と行動』、渋沢青淵記念財団竜門社編『渋沢栄一訓言集』（以上、国書刊行会）、渋沢栄一著・守屋淳訳『現代語訳 論語と算盤』（ちくま新書）、渋沢栄一著『論語と算盤』（角川ソフィア文庫）。

本文写真：渋沢史料館蔵
カバーデザイン：妹尾善史（landfish）
本文DTP：オフィスアント

第1章 経営と実業

001

国境なき経済

経済に国境なし。
いずれの方面においても、
わが知恵と勉強とをもって
進むことを主義と
しなければならない。

『渋沢栄一訓言集』より

1902（明治42）年、アメリカに視察に訪れた渋沢栄一（左から3番目）と実業団一行。

「近代日本資本主義の父」とも称された渋沢栄一の思想は、主著『論語と算盤』に代表される道徳と経済活動の一致であった。それは彼独自の平和論にも見られる。

　日米間の政治上の対立から、アメリカ西海岸で日本人移民に対する排日運動が起こっていた。これを受けて、当時の外務大臣・小村寿太郎の要請を受け、渋沢は民間の立場から、経済交流を行い、関係改善を尽力したという。１９０２（明治35）年に最初の視察以降、生涯４度にわたって、渡米し交流を続けた。

公益と私利

公益となるべきほどの私利でなければ真の私利と言われない。

『渋沢栄一訓言集』より

1927（昭和2）年10月、蒋介石（中央）と握手を交わす渋沢栄一（左）。

今日、企業家や経営者たちは自社の利益を優先するのが当たり前のように見なされている。だが、渋沢栄一はこれに反して、常に公益に適うことを自ら実業哲学の中核に置いていた。それは一国に留まるものではなく、アジア全体を見渡すものでもあった。渋沢は生涯に3度、中国を訪問しているが、同国の政財人と交流を深め、中国への経済支援を説いている。それは、最初の訪問時に上海にて、欧米人に奴隷のごとく扱われる中国人の姿に大きな衝撃を受けたためであった。

003

事業経営の原動力

汽船を動かすには、石炭、石油等の燃料がなくてはならない。商業もしくは事業の経営には、智者および道徳がなくてはならない。

『渋沢栄一訓言集』より

1927（昭和2）年9月、東京駅にて、車中の渋沢栄一（左）。

渋沢栄一は生涯で約５００にのぼる企業の創設にかかわったといわれているが、特に近代化の根幹であるインフラ整備の事業が多い。また、鉄道や汽船の燃料となる石炭を採掘するために、磐城《いわき》炭鉱や長門無煙炭鉱といった会社の設立にも尽力した。

一方で、東京商科大学（現・一橋大学）の前身となった東京高等商業学校、日本女子大学校（現・日本女子大学）の運営を支援。経済基盤をただ整備するだけでなく、それを動かす道徳をもった人材育成にも力を注いだ。

004 公私混同

公私生涯の区別をつけることはじつに困難で、ともすると、よく世間の人々から非難される公私混同ということに陥ってしまうことにもなるのである。

『青淵百話』より

1927年（昭和2）年3月、青い眼の人形を持つ渋沢栄一。

渋沢栄一は人の生き方について「公生涯」と「私生涯」を区別することが重要だと述べている。公人としては国家全体を思案して仕事をする覚悟が大切と言うが、一方で私的に行ったことが公的な利益につながったり、個人が富まなければ国も富まないという場合もあり、しばしば世間が批判するような公私混同も起こりうると指摘している。

渋沢は生涯で多くの企業創設にかかわったが、そのいずれも経営者として自身の名を冠して所有することはなかったという。

005

本当の商業

本当の商業を営むには
私利私欲ではなく、
公利公益であると思う。

『青淵百話』より

1907（明治40）年5月、韓国にて、渋沢栄一が顧問を勤めた稷山金鉱での採金の様子。

商業＝私欲と考えられがちである。現代日本の企業家たちを見ると、事業拡大のために強引な買収などを行った結果、マスメディアからその強欲ぶりを非難されることもしばしばだ。

渋沢栄一は私利私欲を否定しつつ、次のように語る。

「事業を行なって得た私の利益というものは、すなわち公の利にもなり、また公に利益を与えることを行なえば、それが一家の私利にもなるということが本当の商業の姿である」（渋沢栄一著『国富論』国書刊行会）

006
社会に利益を

私の事業上の見解としては、一人の個人に利益がある仕事よりも、多く社会に利益のあるものでなければならないと思う。

『青淵百話』より

1927（昭和2）年8月、アメリカ・ミズーリ大学新聞科長ウォルター・ウィリアムズ（左）と渋沢栄一（右）。

渋沢栄一が、自分の事業経営の理想を語った一節である。彼は私利私欲による商業のあり方を否定していた。急速に近代化が進む日本では、次第に貧富の格差が色濃く、都市では貧困者の急増が問題視されはじめていた。渋沢は言う。「仮に一個人だけが大富豪になっても、社会の大勢の人々がそのために貧困に陥るような事業であったならば、どのようなものだろうか。いかにその人が富を築き上げても、その幸福が継続されないではないか」（渋沢栄一著『国富論』国書刊行会）。

007
辞める覚悟

私は、明日第一銀行の頭取を辞めても
差し支えないようにしている。
というのは、第一銀行の業務と
渋沢の家のこととは
塵《ちり》ひとつでも一緒にせず、
その間にははっきりとした区別が
できているということである。

『青淵百話』より

1897(明治30)年頃、第一国立銀行の様子。

明治維新後、渋沢栄一は仕えていた徳川慶喜公の蟄居《ちっきょ》に伴い、静岡で生活をはじめた。紺屋町に商法会所を設立、今日の株式である合本制の試験的な運用を成功させている。その後、大蔵省入りした渋沢は、国立銀行設立に尽力。１８７３（明治６）年に、合本組織の形態をとる第一国立銀行が設立された。同年、渋沢は大蔵省を辞し、民間の立場から同銀行の総監役に就任。スタートしたばかりの銀行業は苦難の連続であり、渋沢は私利に走るどころか、私財を投げ打ってこれを支えた。

シブサワ流企業家の心得①

その事業が果たして成立すべきものかどうかを深く考えて見極めること。

『青淵百話』より

ある日の渋沢栄一（撮影日不明）。

渋沢栄一は、企業家の心得を語ったもののなかで、４つの条件を挙げている。その第1条である。ここで問題となるのは、事業が可能か不可能かということではない。事業は可能であるとして、それが有望な事業であるかどうかを見極めることが企業家にとっては重要であることを説いたものだ。企業家にまず大事なのは「算盤」、すなわち数字である。漠然と「需要があるだろう」と「だろう勘定」で始めるのではなく、その事業計画を綿密に計算することこそ、事業成功の第一歩である。

シブサワ流企業家の心得②

個人の利益とともに、国家社会にも利益がもたらされる事業であるかどうかを理解すること。

『青淵百話』より

1929(昭和4)年6月、インドの詩人タゴール(右)を歓迎する渋沢栄一(左)。

「シブサワ流企業家の心得」第2条である。渋沢栄一は何も国家、社会という公の利益だけを考えてことをなせ、と言っているのではない。もちろん、公のことを考えずに私利私欲に走れば、最初はよいが、いつか世間から批判にさらされるだろう。かといって、たとえ国家や社会のためになるからと言っても、収支が合わない事業はそもそも成立しえないのである。各個人が行う事業は、利益がなければ継続できないのは自然なことである。だからこそ、両方の利益を考えるべきだと渋沢は言う。

シブサワ流企業家の心得③

その企業を起こす時期が
適当であるかどうかを判断すること。

『青淵百話』より

1921（大正10）年12月、アメリカの実業家ジョン・ワナメーカーより渋沢栄一に贈られた金時計。

「シブサワ流企業家の心得」第3条である。いかに見込みがある事業でも、適した時期を逸すれば成立はしない。特に渋沢栄一が企業家として活躍したのは日清・日露戦争前後の頃だった。日清戦争後、賠償金を元手に、日本銀行による積極的貸出し方針、金利引下げ策のため好況が続き多くの企業が興ったが、行き過ぎた経済政策がたたり、1898（明治31）年には恐慌が起き、多くが破産した。周囲の景気に流されず、時期を見極めることこそ、企業家にとって大切な能力なのだ。

シブサワ流企業家の心得④

事業成立の際に、経営者として適当な人物がいるかどうかを考えること。

『青淵百話』より

1927(昭和2)年11月、インドの鉄鋼会社オズワード・S・マーチン(右)と渋沢栄一(左)。

「シブサワ流企業家の心得」最後の第4条である。事業にはそれに相応《ふさわ》しい人物が必要であることを述べたものだ。渋沢栄一は、良い人材がいるのといないのとでは、「二重の損益」があると語る。すなわち、適任者さえいれば、たとえこれまでの事業がうまくいっていなかったとしても挽回し、さらに拡大させることもできる。結局、企業にあたって問われているのは、企業家の人物・人格なのである。

以上の4か条を事業を起こそうとするときには熟慮することを、渋沢はすすめた。

012

事業加入者の心得

事業家が発起した事業に賛成して加入する際に用心すべきことは、出資の程度を考えることと、道徳心を尊重することである。

『青淵百話』より

1927（昭和2）年6月、亜細亜学生会海外派遣者送別会の様子。

企業家だけでなく、出資者など事業に加入する人たちの心得を説いた渋沢栄一の言である。

渋沢が現役で活躍した明治時代、会社を立ち上げる場合、主に発起人を設けて、目論見書や定款などを作成し、出資者を募る。発起人には株式の引受け義務があり、会社不成立の場合にかかった費用はすべて発起人負担になった。

渋沢自身も多くの事業の創立者や役員となっているが、けっして自分の資産以外から出資することはなかったという。

013

安易な真似はするな

現在、甲の会社がその事業で景気がよいからと言って、乙の会社が根本的な調査も行わず、長い展望に立った社会の需要も考えず、すぐに甲の真似をして製造を開始するようなことをすれば、その事業は当然、悲運な状況に直面しなければならないのである。

『青淵百話』より

1927（昭和2）年5月、邸内を散歩する渋沢栄一。

今日でも若者によるＩＴ企業のベンチャーなどが世間の話題をさらって久しいが、起業されてから数年で立ち行かなくなったケースも多い。

資本主義黎明期の明治時代にも、多くの企業が興ったが、当時「泡沫会社」と称されるほど、企業しては倒産を繰り返す会社も多かった。渋沢栄一は私利私欲に走り、流行に乗って安易に他社の物真似をすることを批判した。そうした事業が立ち行かなくなるのも、国家と社会、ひいては公のことを考えない事業だからである。

実業家カーネギーに学ぶ

カーネギー氏の持論を見ると、
自分が所有する財産が
ほとんど自分のものであることを
忘れているかのように見える。

『青淵百話』より

アメリカの鉄鋼王アンドリュー・カーネギー。
写真：アフロ。

アメリカの鉄鋼業界の成功者で、「鉄鋼王」とも称されたアンドリュー・カーネギーは、実業界を引退後、図書館建設や平和事業など公共の福利に尽力した慈善活動家としても知られる。その主著『富の福音』のなかでも「裕福な人は富を浪費するよりも、社会がより豊かになるために使うべきだ」と記している。カーネギーは、渋沢栄一にとってひとつの手本だった。企業家にとって大事なのは、蓄財自体を目的にするのではなく、それをいかに公共のために役立てるかということである。

働くために食べる

働くために食べるということで、初めて人は鳥や獣と異なる真価が認められるのである。

『青淵百話』より

1931（昭和6）年4月、洋間居室にて、お茶をすする渋沢栄一。

生活の基礎となるのは衣食住である。多くの人間が労働をし、その対価を得るのはこのためだと言うならば、それでは鳥獣の類と変わりがない、という批判も考えられる。「衣食足りて礼節を知る」という故事のとおり、衣食住がまず基礎となるが、渋沢栄一は働くからこそ、人は衣食住を必要とするのだと説く。彼自身、ちょっとした寸暇も惜しまず、80歳を過ぎても変わらず仕事を続けていた。「衣食住は決して卑しむべき問題ではない」と渋沢は語っている（渋沢栄一著『国富論』国書刊行会）。

016 稼ぐに追いつく貧乏なし

貧困者は「貧乏ひまなし」を理想とせずに、「稼ぐに追いつく貧乏なし」の意気込みで日常の仕事に当たることを心がけるとよい。

『青淵百話』より

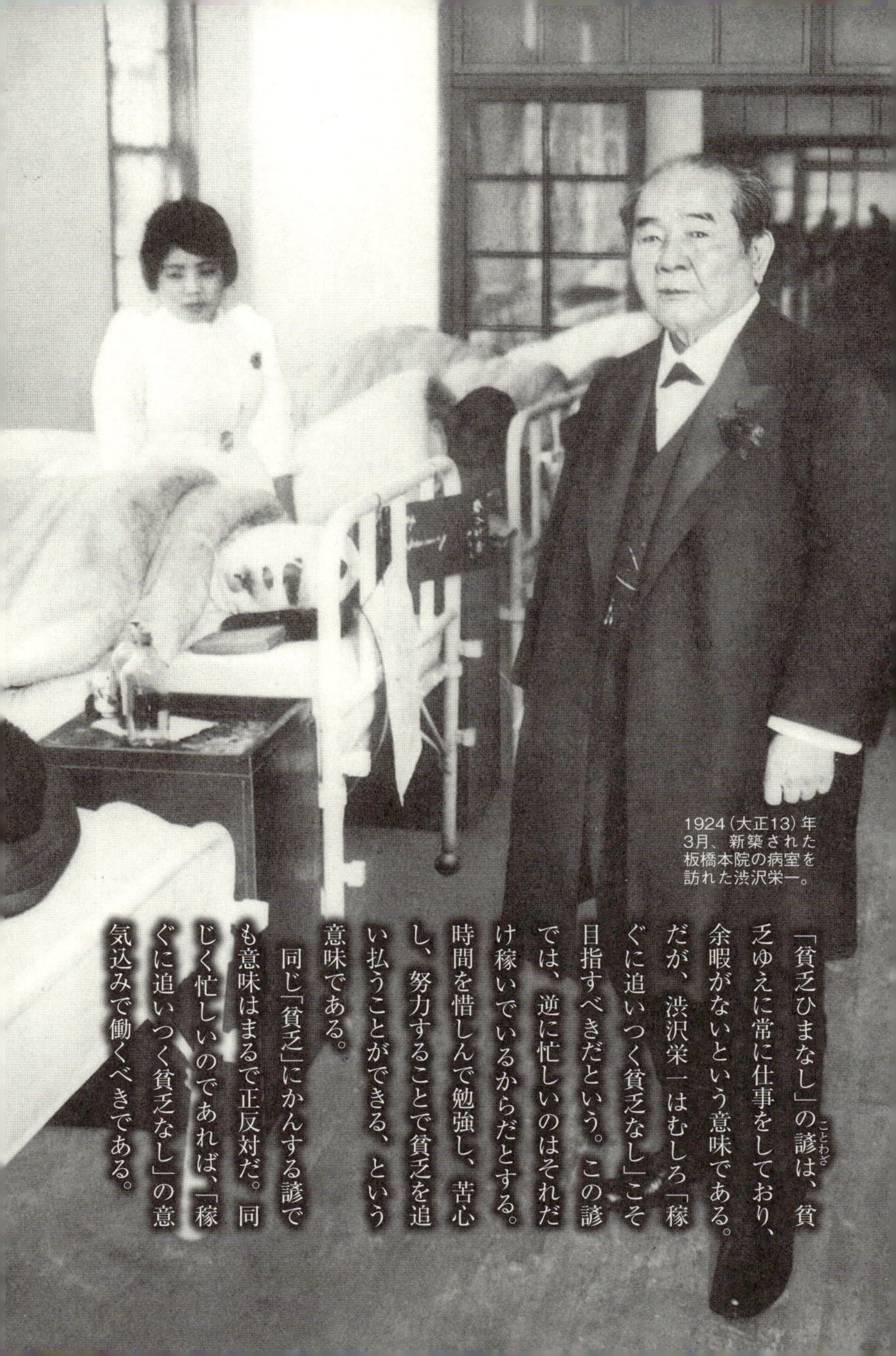

1924（大正13）年3月、新築された板橋本院の病室を訪れた渋沢栄一。

「貧乏ひまなし」の諺《ことわざ》は、貧乏ゆえに常に仕事をしており、余暇がないという意味である。だが、渋沢栄一はむしろ「稼ぐに追いつく貧乏なし」こそ目指すべきだという。この諺では、逆に忙しいのはそれだけ稼いでいるからだとする。時間を惜しんで勉強し、苦心し、努力することで貧乏を追い払うことができる、という意味である。

同じ「貧乏」にかんする諺でも意味はまるで正反対だ。同じく忙しいのであれば、「稼ぐに追いつく貧乏なし」の意気込みで働くべきである。

貧乏ひまなしとは

私が希望するのは、天下の貧しい者すべてが「ひまなし」の状況から脱することである。

『青淵百話』より

1927（昭和2）年6月、亜細亜学生会海外派遣送別会の様子。

江戸時代、非常時の対策金として江戸《えど》町会所《まちかいしょ》では七分積金を集めていた。その残金が維新後に東京府へ引き継がれ、渋沢栄一がのちに院長を務める養育院が設立された。都市化に伴い、急増した浮浪者や孤児を保護する施設を作り、貧困対策にあたったのである。現代の生活保護の不正受給問題のように、公金を使用して貧困者を援助するのは怠け者を増やすだけだ、と反対意見も当時は多かった。だが渋沢は、貧しい人々を助け貧富の格差をなくすことが公益に適うと訴え続けたのだった。

孔子の教え

孔子の教えすなわち論語に従えば、
必ず大きな間違いはなく
事業経営ができるだろうと、
このように祈念したわけである。

『青淵百話』より

1922（大正11）年4月、埼玉県の不動岡村総願寺境内の論語碑前にて。

1867（慶応3）年、フランスで開催されたパリ万国博覧会に、徳川慶喜の実弟・昭武が派遣され、渋沢栄一もこれに随行している。この渡欧経験が渋沢に大きな影響を与えたとされるが、とりわけ驚いたのはヨーロッパにおける商人の位の高さだった。フランスでは銀行家と陸軍大佐が対等にやりとりをしている。日本では士農工商の身分制度から、商人は低く見られていたのである。この官尊民卑を打破すべく、その意識改革の柱として渋沢は『論語』の説く道理を重要視した。

会社の長たる者

会社の長として立つ者は、
その会社を本当に
自分のものであると
思わなければならない。
また、ある場合には
まったく他人のものだと
思わなければならない。

『青淵百話』より

渋沢栄一70歳の頃の肖像。

渋沢栄一は自分が政治の専門家ではないことを断りつつ、会社とは共和政体のようなものだ、と言う。長として選出された者は、その会社の大統領であり、国務大臣である。この意味において、仮に会社で私利私欲を満たそうとすれば、「会社を自分の家にすることなる。国家を家にするのと同じである」と言う。決して独裁を許してはならない。会社は国家と同じく、そこに働く皆のものであり、ひいては社会全体のために存在するのだ。長たるもの、この感覚をもつことが大切である。

020

大金持ちは嫌い

私は実業家として
一家を構えながら、
大金持ちになるのは
悪いというのが持論である。

『青淵百話』より

1931（昭和6）年4月、廊下から外を眺める渋沢栄一。

大金持ちになりたいという欲望には切りがない。もし、一国の財産すべてをひとりが独占してしまったらどうなるだろうか。それこそ、大問題である、と渋沢栄一は説き、次のように語っている。

「実業家として立とうとするならば、自分の学習知識を利用して、相応に愉快に働いて一生を過ごせば、そのほうがはるかに価値のある生涯である。ようするに私は、金をたくさんは持たないほうがよい、愉快に働けという主義なのだ」（渋沢栄一著『徳育と実業』国書刊行会）

仁義道徳と生産殖利

仁義道徳と生産殖利とはまったく合体するものであるということを確信し、かつ事実においてもこれを証拠立て得られるに思うのであります。

1923（大正12）年6月13日赤坂霊南坂・日本蓄音機商会録音・渋沢栄一講演記録より

1926（大正15）年5月、帰宅時の渋沢栄一。

渋沢栄一満83歳の折に録音され、今日でもその肉声を聴くことができる講演からの言葉である。ここで、渋沢は自身の思想の根幹と呼ぶべき「道徳経済合一説（義利合一論）」について語った。日本では通俗的に、商業活動はどこか卑しいものと考えがちである。しかし、渋沢は富を得、立身出世することが社会の利益に適した方法と目的があるならば、それは仁義道徳と決して相反するものではない。むしろ、義と利と仁が並行した生き方こそ、事業経営者にとって大事であると説く。

仕事がないという人へ

仕事らしい仕事をさせてくれないのは、人が与えてくれないというよりも、むしろ自分に仕事を引き付ける能力がないのではないかと思えるのである。

『青淵百話』より

1926（大正15）年5月、新聞を読む渋沢栄一。

さまざまな事業にかかわった渋沢栄一はそのつど、多くの新入社員の若者たちを見てきた。自分に見合う仕事をもらえない、仕事がつまらないと不平を言う若者たちに幾度となく出会ったことをここでは述懐している。まるで現代の新入社員の離職理由のようでもあるが、中国の歴史書『史記』から「桃李もの言わざれども下自ら蹊を成す(注)」を挙げ、仕事のできる人は自分で仕事を引き付ける、先述のような不平を言うのはその人にそうした能力がないからだと辛辣《しんらつ》に語っている。

（注）桃や李は何も言わないが、花や実ができ人を惹きつけるため、自然にその下に道ができる、という意味。

023

武士道と実業

武士道を心に置いて
行動しなければならない。
商業であろうと工業であろうと、
この心を中心にすれば、
世界の列強と肩を並べて
日本が優位を占めつつあるように、
商工業においても世界で
その強さを競うようになるだろう。

『青淵百話』より

1867（慶応3）年、パリ滞在中に撮影された渋沢栄一の肖像。

礼節を重んじる武士道は、士農工商における商人階級にとっては、二束三文にもならない無用のもので、それでは商売は立ちゆかない、と忌避しがちなものであった。

とかく近代化を急ぐ当時の日本の商工業者は、海外では道徳心を度外視して、利益追求する余りに、不評を買うこともしばしばだったという。

渋沢栄一はこれを問題視し、礼節を重んじる「武士道と実業道はどこまでも一致しなければならない」と論じている（渋沢栄一著『徳育と実業』国書刊行会）。

渋沢栄一の肖像が印刷された株式会社第一銀行券(5円と10円)。

第2章
国家と社会

つねに進歩すること

すべて世の中の事は、
もうこれで満足だという時は、
すなわち衰える時である。

『渋沢栄一訓言集』より

1867（慶応3）年、フランスにて、洋装の渋沢栄一。

1867（慶応3）年、渋沢栄一が徳川昭武のパリ万国博覧会出席に随行した旅では、近代西洋の都市文化を目の当たりにし、一行はそれぞれ大きな衝撃を受けた。頑なに西洋社会の文化を拒み、帯刀のままこれまでの生活スタイルを崩さない守旧派に比べ、渋沢はすぐに現地に順応し始めた。髪を切り、いち早く「ざんぎり頭」にしている。

良い物ならこだわりなく摂取しようとし、変わり続けることを恐れない渋沢の姿勢が、日本に近代資本主義制度を確立させたのであった。

弱きを助ける

弱者を救うは必然のことであるが、更に政治上より論じても、なるべく直接保護を避けて防貧の方法を講じたい。

『論語と算盤』より

1927（昭和2）年4月、巣鴨分院新築披露会にて挨拶をする渋沢栄一。

渋沢栄一は社会に貧富の格差が生じることは、近代化が進む以上、ある程度是認していた。

しかし、そのまま放置してよい問題ではない。渋沢は次のように語っている。

「社会における貧富の懸け隔ては免れることができない現象であるとしても（中略）富みを得た者は貧しい者を憐れみ、強い者は弱い者を助け、相ともに手を携え、精神を一つにして進むならば、それこそ本当に黄金世界の実現と言うべき」（渋沢栄一著『徳育と実業』国書刊行会）だと。

国家を強くするもの

国家は軍艦と
鉄砲ばかりでは強くならぬ。

『渋沢栄一訓言集』より

大蔵省出仕時代の渋沢栄一。

維新後、新政府に勤務した渋沢栄一は、民部省改正掛《かいせいがかり》の掛長に任命され、近代日本の諸制度の導入を手がけた。1870（明治3）年には大蔵少丞に任命され、異例のスピード出世をしている。しかし、大久保利通との対立によって3年後、辞職することとなった。原因は、国家財政に対する考え方の相違である。大久保は富国強兵のために赤字覚悟で軍事費の増加を要請したが、渋沢は軍事では決して国家は富まないと経済を立て直すことこそ肝要と、自説を主張したのだった。

戦争の原因

戦争は洪水や噴火と異なって、人心より発生するものである。

『渋沢栄一訓言集』より

東京日本橋、日露戦争凱旋パレードの様子。写真：共同通信社。

渋沢栄一は戦争の経済効果について否定的な姿勢を崩さなかった。

戦争で国家の富が増すという考えは、経済に対する無知であると批判し、「平和こそ、産業を振興し人類の幸福を増進する道」（井上潤著『渋沢栄一』山川出版社）と説いたのである。

そして、なによりも社会の道徳を向上させることこそ戦争の抑止になる、ひいては道徳こそが商工業の利益となり、結果的に国家を富ますものであると、独自の道徳と経済の平和論を提唱したのだった。

大志を抱く

早くから国家社会を
自分もかかわるものと心得、
自分がこれに取り組まなければ
国民はどうなるのかというほどの
意気込みで故郷をあとにしたくらいだった。

『青淵百話』より

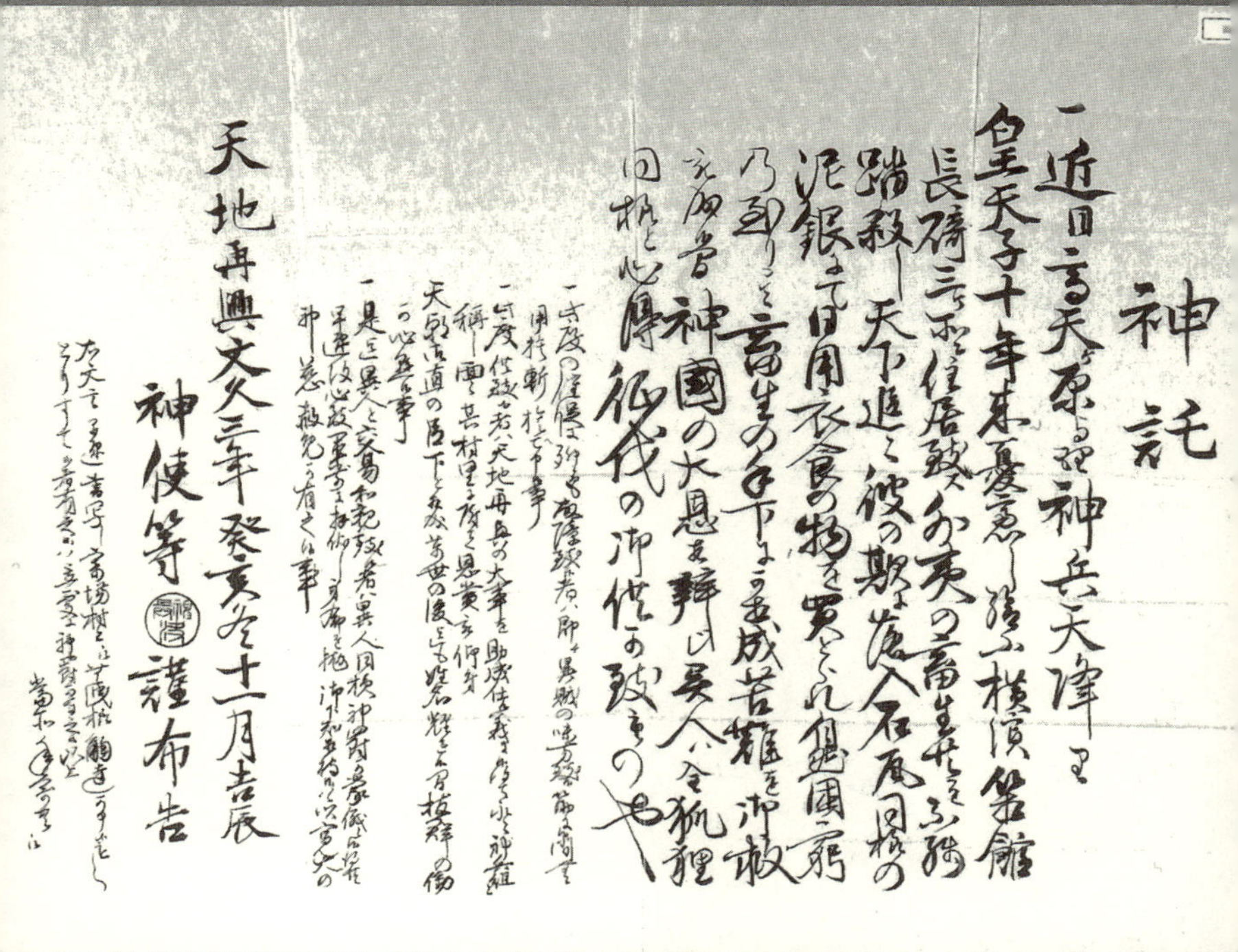
神託
一近日高天ヶ原より神兵天降り　皇天子十年来憂慮し給ふ横浜箱館長崎三ヶ所に住居致す外夷の畜生共を残らず踏殺し天下追々彼の欺に落入石瓦同様の泥銀にて日用衣食の物を買とられ困窮の致り近き内畜生の手下に成るべき苦難を御救ひ成され候間神国の大恩を弁へ異人は全く狐狸同様と心得征伐の御供致すべきもの也

天地再興文久三年癸亥冬十一月吉辰
神使等　謹布告

1863（文久3）年11月、渋沢栄一たちがしたためた「神託」（写）。

渋沢栄一が故郷の武蔵国榛沢郡血洗島村（現・埼玉県深谷市血洗島）から江戸見物に出た1853（嘉永6）年、ペリーが来航し、日本は幕末の激動の時代へと突入した。その後、江戸の儒学者・海保漁村の塾生になり、千葉周作道場にも出入りしていた渋沢は、従兄弟らと尊皇攘夷運動に加わることを決意。未遂に終わったが横浜の外国人居留地焼き討ちを画策、決意表明の「神託」という張札《はりふだ》も制作している。多くの人々が国の先行きを憂えたように、青年・渋沢も高い志に燃えていた。

029 個人と国家

個人の富はすなわち国家の富である。
個人が富もうと欲しないで、
どうして国家の富を
得ることができるだろうか。

『青淵百話』より

1928（昭和3）年9月、渋沢栄一89歳の頃の肖像。

国家について論じる渋沢栄一は、ここでも私益と公益の合一の思想を述べている。渋沢にとって個人と国家は、単に個人が国家のために犠牲となり奉仕するような発想ではない。あくまでも個人と国家双方が富むのが理想である。個人と国家の関係を、渋沢は次のように語っている。

「一族の集合が一家となり、一家の集団が一村落となり、一村落が一郡となり一国となる。（中略）国家と言おうともその始まりは一個人から起こる」（渋沢栄一著『国富論』国書刊行会）

地方格差

都会の繁栄は一面、すぐに地方が衰微する問題ではないだろうか。

『青淵百話』より

1920(大正9)年8月、仙石原を視察する渋沢栄一(左から4番目)。

現代日本でも中央と地方の経済や人口の格差を受け、「地方創成」が課題のひとつとなっている。これは日本が近代化を進めた明治・大正以来、常に問題となっており、渋沢栄一もまた都会の発展と地方の衰微について語っていた。これは単に地方だけの問題でなく、都会では人口の増大に伴って、就職難により浮浪者が増え、飢えや衛生の面から問題視されるようになっていた。地方ではその地方の特色を活かして、都会にはない事業を興すことが大事だと、渋沢は具体案を提唱している。

地方創成

国家にとって地方は、
真に元気の根源、富裕の源泉である。

『青淵百話』より

1915(大正4)年10月、大阪市公会堂定礎式に参加する渋沢栄一(左から2番目)。

渋沢栄一は、地方に適した事業が興らない限り、有能な人材の都会への移入は止まらず、地方は衰えていく一方であると語る。資金が潤沢な都会に比べ、地方では同じような事業でも実行できない場合が多い。だからこそ、地方の特色を活かした事業が必要なのだ。渋沢は言う。「事業そのものにさえ見込みがついて有利であるならば、資金はおのずとそこに寄ってくるものである。だから、(中略)必ずしも絶望すべきことではない」(渋沢栄一著『国富論』国書刊行会)

032

衣食住にとらわれない

人として衣食住のためにのみ
忙殺されるようなことでは結局、
その人自身のためにはなるだろうが、
国家の人とはならないということを
考えなくてはならない。

『青淵百話』より

1926（大正15）年11月、国際連盟協会主催東洋赤十字会議にて、歓迎の挨拶をする渋沢栄一。

われわれは衣食住のために仕事をする。だが端的に衣食住を満たすのは、自分だけのためなのだろうか。われわれは決してひとりでは生きられない。だからこそ、人間は家族を持ち、村を持ち、国家を持つ。国家とは個人の集合であり、土地や諸制度だけを指すのではない。人間あってこその国家である。渋沢栄一は言う。「人々が互いに利己主義を離れて客観的に人生を見ることによって初めて健全な国家も樹立されることになる」（渋沢栄一著『国富論』国書刊行会）。

033

まずは個人が富むこと

もともと商工業を発展させて
国家の富を図るという志はよいが、
実際にそれで効果があったとしても、
それに従事する人に利益がなければ
その事業は決して繁盛はしないのである。

『青淵百話』より

1927（昭和2）年5月、福沢諭吉展を訪れた渋沢栄一。

およそ「国家のため」「公益のため」と言っても人はそう簡単に意欲を抱けるものではない。

渋沢栄一は福沢諭吉の言を引く。たとえ心血注いで書いた書物でも、多くの人が読む書物でなければ世の中の役には立たない。逆に大した力を注がないで書いた書物でも、多くの人が読めば、それだけ効果が大きい、と。事業も同様に利益なしで進めることはできない。事業にあたる個々人が十分に富を得なければ、満足な事業を行うこともできないだろう。

034

皆が儲かる方法

極端に言うと、一人だけ富んでも、
それで国が富むことにはならない。
国家が強くなることもない。

『青淵百話』より

中華民国水害同情会慰問募集講演時の記念撮影。中央が渋沢栄一。左から3番目が長男・篤二、右端が栄一の後妻・兼子。

官尊民卑を打破し、新しい社会の仕組みを作ることを目指した渋沢栄一は、事業は「官」ではなく、「民」が主体であることを説いた。

民衆から多くの出資を募り、資本を集めて事業を興す。民衆はそれぞれの出資に応じた配当を受ける。いわゆる「合本法」である。渋沢はパリ滞在中に、滞在費の不足の懸念から、現地の銀行家の勧めで国債や社債を購入。この運用によって資金を捻出している。このときの経験が、渋沢に合本法に対して蒙《もう》を啓《ひら》かせたのである。

035

バランスが取れた処世術

国家的な考えと自分の立身出世との
均衡がうまく取れて、
一方に重すぎたり一方に傾いたりしないで、
両者が並行することが結局、
人間の処世上の要点ということになる。

『青淵百話』より

1915（大正4）年6月、衣冠束帯姿の渋沢栄一。

もし個人が利益を追求することが国家の利益になるのであれば、個人は純粋に自分の利益だけ考えればよい。するとどうなるか。渋沢栄一は人力車の例を語る。極論すれば、車夫は人力車を引かずに賃金さえもらえれば、自分の利益には都合がよいのである。だがこれは不道徳なことだ。人間には本分があり、きちんと働いて対価を受けるべきである。行き過ぎた富の独占ではなく、健全な労働を通じて個人も国家も富むことが渋沢にとっての「資本主義」なのだ。

036 仁と義と利

どのような時代にも
仁と義と利とは並行するものであり、
決して相反するものではないと
私は信じている。

『青淵百話』より

1930（昭和5）年6月、東京愛宕山演奏所にて、中央放送局国際連盟成立10周年記念放送に臨む渋沢栄一。

渋沢栄一の思想の中心を成すのは民間主導であることを説く「官尊民卑の打破」、株式に基づく「合本法の導入」、そして『論語と算盤』に代表されるような「道徳経済合一説（義利合一論）」である。

しばしば、富を得ること自体、不道徳とする風潮が日本では根付いているが、これは孔子や孟子の誤読であると渋沢は言う。

『大学』の「国は利を以て利と為さず、義を以て利と為す也」を引き、仁義と利は相反するものではなく、合致するものだと述べている。

037

貧困問題をなくせ！

いかに優れた者が勝ち、
劣った者が負けるという
自然淘汰が社会進歩の原則であるとはいえ、
私はこれらの貧困者を冷然と
見過ごすことはできない。
貧者を憐れみ弱者を助けることは、
すなわち我々が自身で尽くすべき職分である。

『青淵百話』より

1927（昭和2）年6月、邸内を散歩する渋沢栄一。

人間には生まれ育った環境や元からの貧富の差、資質などから能力の違いがあることは否めない、と渋沢栄一は説く。当時、西洋から流入してきた博物学者チャールズ・ダーウィンの自然淘汰に基づく進化論に影響を受け、それを社会に当てはめて優生学的な社会進化論を提唱する者がいた。渋沢も格差は否めないとしながらも、その差を放置するのではなく、富める者は自分の富と能力に応じて、貧窮する者に救済の手段を講じることが大事だと語った。

清濁を併せ呑む必要はない

私もある時は惑わされることがあるが、清濁併せ呑むことはしない。本来、世の中は清すなわち良いことだけが行なわれなければならないはずで、濁すなわち悪いことがあることは根本から間違っている。

『青淵百話』より

1933（明治33）年5月、男爵を授けられ、大礼服を着用する渋沢栄一。

多くの事業にかかわった渋沢栄一のもとには、その運営の相談客や新たな事業への投資の陳情客がひっきりなしに訪れた。彼は直接人に会い、希望を自分の耳で必ず聞いていた。求められれば応じる渋沢は、自分の主義に合わない人物との面談もせざるを得なかったため、世間からは「清濁を併せ呑む」実業家像が誇張された。これを受けて、渋沢は事を成すのに清濁の区別なく当たることは間違いだと述べ、あくまで清にのみ与《くみ》せよと述べている。

主観と客観

人は主観的に社会に立つべきではなく、客観的に考えていかなければならない。

『青淵百話』より

1929（昭和4）年10月、二松学舎創立記念式で講じる渋沢栄一。

古希を過ぎた渋沢栄一が、自分の人生観を語った一節からの引用である。ここで言う主観的とはすなわち自己の利益を優先させる態度で、客観的とは自己よりも社会の利益を優先させる態度のこと。

渋沢は『論語』より「仁者は己立たんと欲して先ず人を立て、己達せんと欲しては先ず人達す」という故事を引く。他者を立て、それに自分が続くこと、それこそ君子の行いである。

渋沢はこの孔子の覚悟を鑑み、われわれは客観の立場に立つべきだと論じた。

040 客観的とはなにか

客観的というのは、
自己の存在は二の次にして、
まず社会があることを思い、
社会のためには自己を犠牲にすることも
いとわないというほど、
自我を捨て去ってかかるものである。

『青淵百話』より

1927（昭和2）年10月、中央社会事業協会主催第1回全国方面委員会議で講演をする渋沢栄一。

人はこの世に生を享けた限り、なんらかの目標や目的を持って人生を生きるべきである。その際、渋沢栄一は各々が修得した能力に応じて、その本分を尽くし、他者のために役立てることを尊重して言う。「そのような場合のその人の心情を察すると、むしろ自分のためというよりは主人や親のため、社会のためという考え方のほうが勝っている」（渋沢栄一著『徳育と実業』国書刊行会）。渋沢はこれを客観的人生観と呼び、国家や社会に生きる人間の理想とした。

041

主観的とはなにか

また主観的というのは、何事も自分本位にして、自己があることを知って、そののちに社会があることを認めるというほうだから、これはむしろある程度は自己のために社会を犠牲にしてもかまわないというのである。

『青淵百話』より

渋沢栄一、89歳の頃の肖像。

自分は自分のために生まれたものであり、自分を他人や社会のために犠牲にするのはおかしいと考える態度を、渋沢栄一は主観的人生観と呼ぶ。

渋沢自身はこの人生観を批判しながらも、一部の理があることは認めていた。だが、社会に起こる貧困や福祉などさまざまな出来事に対し、自分の利益のみを優先させる態度は、回り回って国家・社会の衰退をきたし、そこに生きる自己の首をも絞めることになる。だからこそ、渋沢はこの態度を批判したのである。

042 愛国忠君の心

常に愛国忠君の気持ちを厚くして
公に奉仕することを嫌ってはならない。

『青淵百話』より

明治天皇大葬参列時の渋沢栄一夫妻。

渋沢栄一は最初の妻・千代、後妻の兼子との間に多くの子どもをもうけた。一族が増えるに従い、渋沢家の規律を保つため、多くの家訓を残している。

ここに挙げたのは処世・社交について述べた家訓のひとつである。

人は決してひとりでは生きられず、大きな共同体のなかで生きている。その最たるものが国家である。たとえ実業家であっても自身の共同体への奉仕の精神をおろそかにしてはならないと渋沢は語る。

043 新時代は新しい人たちのもの

新しき時代には
新しき人物を養成して
新しき事物を処理せねばならない。

『渋沢栄一訓言集』より

1925（大正14）年7月、亜細亜学生会会員渡支懇談会の様子。

今日でも若者との世代間の違いを問題視する論調は見られるが、渋沢栄一も「青年の気風も、時代の推移とともにだいぶ変わってきた」（渋沢栄一著『立志の作法』国書刊行会）と述べるとおり、昔からそのような問題はあったようである。渋沢は若者の気風に対し、「時代の気運の変化が（中略）人の心を自然に時代に伴うように変化させる」（前掲同）と述べ、極めて柔軟に対応していた。

むしろ渋沢は、若者の気質から時代の変化を感じ取ろうとしていたのである。

1928(昭和3)年8月、松屋呉服店にて、漫画家・北沢楽天に似顔絵を描かれる渋沢栄一。

第3章 教育と人生

子に孝行する

孝行は親がさせてくれて初めて子ができるもので子が孝するのでは無く、親が子に孝をさせるのである。

『論語と算盤』より

1925（大正14）年11月、渋沢家の男たちの集合写真。左より、渋沢栄一、長男・篤二、曾孫・雅英、孫・敬三。

渋沢栄一は同族会を作り、家と経営を分離させるために、厳格な会計ルールを設けるなど徹底した。財産管理のために渋沢同族株式会社を設立し、渋沢の孫・敬三が社長に就任。渋沢は「その親がいかに大資産を所有しているにせよ、自分はどこまでも自分であるという考えを持ち、自分だけの知恵を磨き、社会に立つことができるように心がけなければならない」（渋沢栄一著『徳育と実業』国書刊行会）と語り、そのために親はできるかぎりの教育をしてやることこそ、「孝」であると説いた。

物事の順序

物事は順を追って行くが良い。
決して焦ってはならない。

『渋沢栄一訓言集』より

1929(昭和4)年6月、第一銀行本店新築定礎式の様子。左が渋沢栄一。

渋沢栄一は「天命」や「道理」といった東洋思想に由来する概念を重視していた。

自らができうるかぎりの努力をした後は、天に任せるほかない。確実な努力をしても失敗したなら、それは天命である。下手に焦り、物事を見誤るよりも一定のあきらめが大事である。また道理は人間が行うべき筋目のことであり、すべての行動はこれに適うかどうかを判断して決定しなければならない。決して焦らず、天命を聞き、道理を歩むことこそ、遠回りかもしれないが、実は成功への近道なのである。

無為に暮らすな

何もせずに暮らすは
一つの罪悪である。

『渋沢栄一訓言集』より

1927（昭和2）年2月、資料に目を通す渋沢栄一。

渋沢栄一は多忙な人間だった。齢80を超えてもなお、実業家として多くの来客に対応し、さまざまな会議・会合に出席していた。その合間をぬって食事をし、新聞を読み、書に親しむ。空き時間があったら無為に過ごすより必ず何かをしていたという。「元来、人がこの世に生まれてきた以上は、自分のためだけでなく必ず何か世のためになることをするのが義務である」（渋沢栄一『徳育と実業』国書刊行会）と述べる渋沢はひとつの筋が通った道理に基づいて常に生きようとしていた。

「王道」こそ人間の道

私はいわゆる
「王道」のようなものは
千年も変わらない
人間の道であると信じている。

『渋沢栄一訓言集』より

1926（大正15）年2月、
渋沢栄一と曾孫の雅英。

渋沢栄一が活躍した明治・大正時代、急速な近代化の歪みは、多くの社会問題や労働問題を噴出させた。そのたび、新たに法制度を作り対処をするが、渋沢は法では根本的な解決にはならないと言う。真の改善は、「王道」にあると次のように説いている。

「資本家は王道によって労働者に対し、労働者もまた王道によって資本家に対し、（中略）互いに同情をもって終始する心がけがあってこそ、初めて真の調和が得られるのである」（渋沢栄一著『国富論』国書刊行会）

論語と私

論語の教義を守ってきたために、
こんな不都合がある、
あんな不条理に出会ったと
いうように感じたことは、
いまだに一回もなかった。

『青淵百話』より

1931（昭和6）年4月、居室での渋沢栄一。

渋沢栄一は6、7歳の頃より書に親しみ、父から漢文の素読を習った。早くに『論語』を読み、従兄の尾高惇忠のもとで四書五経などを学んでいる。

渋沢曰く、『論語』には「人は決して高ぶるな、驕るな、常に恭《うやうや》しく謙《へりくだ》った態度で人に接し、信義をもって人と交われ」（渋沢栄一著『国富論』国書刊行会）といった教えが説かれていた。

渋沢は生涯、漢学の説く思想を信念にし、ことあるごとに『論語』を引き、自分の行動を律し続けていた。

過去から学べ

未来を考えるには、過ぎ去った過去を見るのがよい。

『青淵百話』より

1931（昭和6）年4月、居間にて、掛け軸を眺める渋沢栄一。

『論語』をはじめとする四書五経に親しみ、近代日本という混迷を極める時代を生き抜く指針とした渋沢栄一ならではの人生哲学である。渋沢は孔子の教えが現代にも通ずる点を次のように語っている。

「すなわち二千五百年前、しかも異国である中国の周代の教えを現在ここに持ってきて（中略）、論語の全部を読んでみても、たいてい我々の心で理解して、なるほどもっともだ、こうありたいと思うのは、つまりこれが普遍的な教えだからである」（渋沢栄一著『国富論』国書刊行会）

050

硯と筆

硯《すずり》は生命が長い代わりに
極めて静かなるもの、
墨はそれよりも生命が短いだけ
少し鋭いところがあるが、
筆は一番鋭いものである代わりに
生命は最も短い。

『青淵百話』より

1929（昭和4）年1月、揮毫をする渋沢栄一。

11、12歳の頃より父から書の手ほどきを受け、18歳になるまで伯父の渋沢誠室（宗助）に習った。趙子昂《ちょうすごう》を手本とし、最晩年の89歳のときにも、渋沢は趙子昂を臨書している。人から揮毫《きごう》を頼まれることもあり、自作の漢詩や『論語』などの一節を書した。ここに引用した一節は、渋沢が宋代の詩人・唐子西の「古硯銘」の一文を読んでの感想である。筆が早死にで硯が長寿なのが天性ならば、自分は硯でありたいと語った渋沢はその言葉のとおり、満91年の長い生涯を懸命に生き抜いた。

自己の本分

私は天に対しても、神に対しても
自己に幸福が訪れるようにと
祈ったことはない。
ただ自己の本分を尽くす上に
不足がないか否かについて
自省するのである。

『青淵百話』より

日本でも「お天道様」と呼ぶように、中国より移入された東洋思想では「天」もしくは「天命」とは人間の一生を左右する絶対的な力のことである。「五十にして天命を知る」という有名な一節にもあるとおり、『論語』や『中庸』といった儒教の教えには「天」に関して論じたものが多い。時の体制が変わることを「革命」と呼ぶがこれも元は、「天の命が革わる」ことを意味した。

天は人為ではどうすることもできない。だからこそ、人事を尽くして天命をまつのである。

1916（大正5）年10月、彫刻家・武石弘三郎のアトリエを訪れた渋沢栄一。

052 天命を待つ

天命を楽しんで
事を成すということは
処世における第一要件で、
本当の意味での「あきらめ」は
誰でも持たなくてはならない。

『青淵百話』より

渋沢栄一の宗教に対する見方と言っても過言ではない一節である。

近年でも世界を見渡せば、宗教対立の火種は絶えない。渋沢は1912（明治45）年に設立された帰一《きいつ》協会の運営に尽力。異なる宗教間での相互理解と協調を目指し、より普遍的な大宗教、ひいては普遍的宗教による道徳の向上をもってして、世界平和の実現を夢見ていた。

そうした彼の宗教観とも言うべきものは、孔子も教える東洋思想の中核をなす「天命」だったのである。

1927（昭和2）年頃の渋沢栄一の肖像。

多忙な人

だいたい多忙という点では、
私もたいていの人には劣らないだろう。

『青淵百話』より

渋沢栄一の一日は極めて多忙だった。大正時代の頃の日常をみると、午前7~8時には起床、入浴と朝食を済ませ、日記を書き、書類を点検。時間があれば新聞・書籍に目を通す。朝から来客に対応することもあるが、大概、午前10時には兜町の事務所に出勤。午前午後と事業相談に乗り、各種会合に出かける。夜は宴会が多く、帰宅は午後11時をまわることはざらだ。明治・大正期の平均寿命40代半ばを30歳も超えた70代の日課である。いかに精力的に働いたかがよくわかる。

1926（大正15）年5月、事務所に出勤する渋沢栄一。

何のために生まれたのか

元来、人がこの世に生まれてきた以上は、
自分のためだけでなく必ず
何か世のためになることをするのが
義務であると私は信じる。
すなわち人は生まれるとともに
天の使命を受けている。

『青淵百話』より

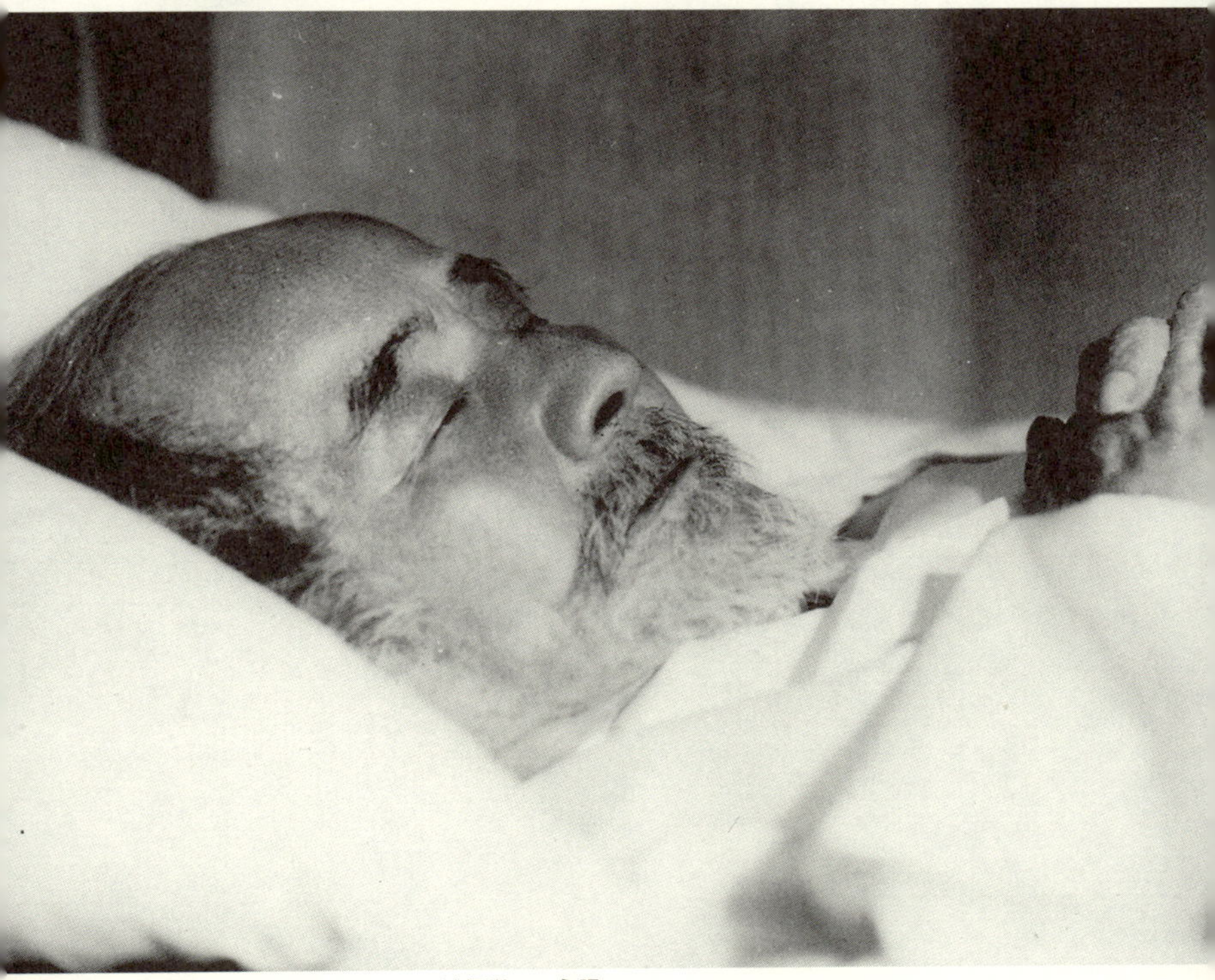

1931（昭和6）年11月11日、渋沢栄一、永眠。

渋沢栄一、生涯の思想である「道徳経済合一説」「官尊民卑の打破」「合本制」のいずれもが、公に奉仕しながら、それを通じて個々人が富むことを説く。渋沢が「近代日本資本主義の父」と呼ばれるほどに、自身の能力を出し惜しみせず、持てる限り発揮して尽力したのは、こうした義務感からだった。渋沢は言う。「才能のある者はあるだけ、また少ない者は少ないだけの才能を活かして、それぞれ力を尽くすのが人としてこの世に対する義務である」（渋沢栄一著『徳育と実業』国書刊行会）。

055

財産は遺すな

いたずらに自分の利益だけを図り、
子孫に財産を
遺そうとするようなことは、
あるいはかえって
その子孫に害を与える
愚策となりはしないか。

『青淵百話』より

1929(昭和4)年10月、孫たちに囲まれる渋沢栄一。

公益と私益の一致を信念とする渋沢栄一は、故郷を出て以来、「裸一貫」で自ら多くの事業をなしてきたと後年、述懐している。父が与えてくれたのは、漢学の書に親しむことと商売のイロハといった教育である。過ぎた財産よりも、自分で考え学ぶ能力を伸ばしてやることこそが大事である。

渋沢の長男・篤二は義太夫などに秀で趣味人として知られたが、遊行が過ぎ廃嫡となった。人生の義務を疎かにするほどの遺産は害であることを、渋沢は経験的に知っていたのかもしれない。

056

他人をアテにするな

私は、依頼心は
もっともよくないと思い、
人に特別な配慮を請うことが
大嫌いである。

『青淵百話』より

1883（明治16）年、
洋装の渋沢栄一。

「私には官界に知人がおり、権勢をふるう人とも仲良くしているが、かつて官界にへつらったこともなければ、自分の意志を曲げて権力に従ったこともない」（渋沢栄一著『徳育と実業』国書刊行会）と渋沢栄一は後年、述懐している。青年期に父の名代として岡部藩代官所に呼び出され、藩主の息女の輿入れ祝い金500両を工面するよう迫られたことがあった。理不尽な要求がまかりとおる「官尊民卑」の世を変え、民が主導となる世を作ることを、渋沢はこのとき、固く決意したのだった。

057

商業道徳の欺瞞《ぎまん》

私が不快に思うのは、
商業道徳という呼び方である。

『青淵百話』より

1929（昭和4）年12月、宮中賜餐の様子。渋沢栄一（中央）と長男・篤二（右）。

「官尊民卑」という江戸時代の悪習から、商業が卑しいものとする風潮を、渋沢栄一は生涯を通じて、徹底的に批判してきた。「商業道徳」という言葉は、商工業者は不道徳者であるからこそ、商業には道徳が必要だと暗に指し示していた。渋沢はそもそも、道徳は誰にとっても必要なものであり、商工業のみではないと主張する。他方で、こうした言葉が商業のみに使われたということは、私利を貪る商人たちが実際に横行したためでもあり、その道徳的改善が第一であると説いたのだった。

学問と仕事

社会一般に、学問をすれば
商売には疎くなる、
商売人は仁義道徳の心があっては
駄目だという考えを持つようになり、
ついに学問と実務とを
まったく引き離してしまった。

『青淵百話』より

1923（大正12）年5月、青淵図書館前にて。渋沢栄一（中央）と孫の敬三（右端）。

現代でも同様であるが、渋沢栄一が活躍した明治・大正頃も、学問と経済活動は、相反するものとする風潮は根強かった。だから商売をするには学問は不要であるとし、「読み書き算盤」のみを重視したことが、私利私欲に走る商工業者の道徳的怠惰を招く結果となったのである。

渋沢は次のように結論する。「道徳を軽視するのはよくない。そうなれば、人としての本分を離れて、空中に楼閣を描くのと同じようなものではないか」（渋沢栄一著『徳育と実業』国書刊行会）

論語と算盤

だいぶ前から論語と算盤はともに一致しなければならないというのが持論であった。

『青淵百話』より

血洗島村の渋沢栄一の生家・中の家の様子。

幼少より漢学に親しみつつ、藍の買い付けなど家業を手伝い、早熟な才能を発揮した渋沢栄一にとって、論語と算盤の一致は血肉となった生き方である。彼の思想を体系的にまとめた『青淵《せいえん》百話』（同文館）にも「論語と算盤」の題が見られる。1916（大正5）年、東亜堂書房からわずか1円の価格で、出版された『論語と算盤』によって、広く知られるようになった。以後、改訂や解説が施されながら、さまざまな出版社で、版を重ね、現代のわれわれに渋沢の思想の中心を教えてくれる。

真心と慎み

言動は真心を尽くすことを中心とし、
行動は情に厚く慎み深いことを重んじ、
ことに当たり人と接するには、
必ず誠意をもってすること。

『青淵百話』より

1927（昭和2）年6月、実業之世界社創立満20周年祝賀講演会にて、講演する渋沢栄一。

渋沢栄一が同族のために残した家訓のうち、処世接物の綱領からの引用である。接物とは人付き合いのこと。渋沢は「人として世に生きていく以上は、ただ一人で物事をやり遂げようとしても不可能であり、いろいろなことに触れ、万人に接することによって初めて多くの仕事もできるし、人間としての目的を達することもできる」（渋沢栄一著『徳育と実業』国書刊行会）と語る。人付き合いには、何よりも言行一致を心がけ、誠実かつ敬意を持った行動を心がけよ、と渋沢は説いている。

061 よい友とは何か

自分のためになる友を近づけ、
自分のためにならない友を遠ざけ、
仮にも自分にへつらう者を
友としてはならない。

『青淵百話』より

1927（昭和2）年8月、伊香保・小暮旅館に滞在する渋沢栄一（右）。

渋沢栄一が自身の長きにわたる人生経験から定めた家訓は、主に処世術を中心としているため、自然と人付き合いにかんするさまざまな箴言《しんげん》に溢れている。ここに引用したのは、なかでも友人との交際における「益友」と「損友」とは何かを述べたもの。

「友達としては自分に会うごとに小言を言われるくらいの者でなければ頼るべきではない。（中略）小言を言うくらいの友達は本当に自分を知ってくれている人」（渋沢栄一著『徳育と実業』国書刊行会）と渋沢は語っている。

交際の仕方

誰でも自分より優れた人を
友としようと願い、
自分に匹敵する者と
交際しなければ、
世の中では友は
1人もいなくなるだろう。

『青淵百話』より

1901（明治34）年4月、渋沢一族の写真。最上段中央が渋沢栄一。

渋沢栄一の家訓は、その多く『論語』を指針に編み出されている。しかし、「論語読みの論語知らず」という諺もあるとおり、彼は『論語』を字義どおり受け取ったわけではない。儒学者たちの研究や自分の実体験と照らし合わせ、孔子の誤りであると思う部分は、適切に批判した。この一節は「己に若《し》かざる者を友とする勿《なか》れ（注）」はその意味範囲が広すぎる、字義どおりに実行すれば友人はひとりもいないだろうと述べ、だから「自分にへつらう者を友にするな」を家訓にした、と解説している。

（注）自分を向上させるためには、自分より劣った者を友にすべきではないという教え。

063

酒席で乱れるな

人と接するには必ず敬意を表し、宴会で楽しんだり遊んだりするときでも礼儀を欠くことがあってはならない。

『青淵百話』より

1928（昭和3）年1月、東京銀行倶楽部新年宴会にて、挨拶をする渋沢栄一。

渋沢栄一の家訓のなかでも極めて具体的な行動原則を説いたもののひとつである。人は親しくなるにしたがって、酒席や遊びの際には相手への敬意を疎かにして、みだりに乱れてしまうことがある。酒席での失敗は、社会人としての信用を失するには十分である。だからこそ、注意せよと説いている。

渋沢自身、多くの企業家たちと宴席をともにすることが多かった。飲酒は元来好きではなく、一橋家仕官時代には多少嗜んだ程度で、以後はまったく飲まなかったという。

064

ひとつのことに集中する

そもそもひとつのことを行い
ひとつの物に接するにも、全身の精神を傾け、
取るに足りない小さなことであっても、
その場しのぎにしてはならない。

『青淵百話』より

1927(昭和2)年8月、伊香保・小暮旅館に滞在する渋沢栄一(左)。

渋沢栄一の定めた家訓のひとつである。人は何か物事を処理するにあたって、事の大小を決めてかかり、小事は大事に比べてつい、手を抜きがちである。しかし、小事は積み重なることで大事になる。いずれにしろ、物事の大小の区別なく、事にあたれと渋沢は説く。

これは仕事と遊びの関係にも似ている。よく仕事をする者は、遊ぶときも真剣に遊んでいる。常にあらゆる物事に対して、そのつど、真剣に集中してあたることこそ重要なのだ。

065 驕るなかれ

裕福であっても驕《おご》り高ぶってはならない。
貧しく身分が低くなるとしても
思い悩んではならない。
ただ知識を身につけ徳のある
行いをすることにより、
本当の幸福を得るように期すること。

『青淵百話』より

渋沢栄一の肖像(撮影日不明)。

渋沢家家訓のひとつで、渋沢栄一の幸福論とも言うべき一節である。「疏食《そし》を飯《くら》い水を飲み、肘を曲げてこれを枕とす。楽《たのしみ》亦《また》其《そ》の中《うち》に在り(注)」という貧賤《ひんせん》を慰める孔子の教えを引きながら、渋沢はこれを意訳して次のように定義し直している。すなわち、裕福でありながらも驕らずに、徳を積み、知を磨くことを怠らない。その結果、貧窮しようとも決して焦ったり動揺したりしない。このような人間こそが、真に幸福な者ではないか、これに勝る幸福はない、と渋沢は語っている。

(注)「粗末な食事を食べ、肘を枕に眠る、そんな生活の中にも喜びはあるものだ」という意。

口は禍いのもと?

よくしゃべることは、
災いも幸せも招くものとなる。
だから、ちょっとした言葉遣いにも
分別をわきまえなくてはならない。

『青淵百話』より

1929（昭和4）年8月、総理官邸にて、ガス料金問題調停にかんする記者会見を行う渋沢栄一。

渋沢栄一は日々、多くの人間と面談し意見を述べ、会合や酒宴の席では演説を披露した。ときに揚げ足を取られることもあったが、「私が一度口にして言う以上は、必ず心にもないことは言わないという主義である」（渋沢栄一著『徳育と実業』国書刊行会）と語るように、主張することはきちんと述べることを信条にした。

　故事には「口は禍の門」とあるが、幸福の元となる言葉もある。ゆえに渋沢は「口舌は禍福が生ずる門」（前掲同）と言い換えている。

067

善人と悪人

人間はいつも悪事を行って
平気でいられる者は少なく、
一時は悪人と見られた者でも、
(中略)良心に省みて
いつの間にか善人と
なってしまうものである。

『青淵百話』より

1925(大正14)年10月、ベルギーの財政家ルイ・ストラウス(左)と渋沢栄一(右)。

人は一度、悪事に手を染めたら、一生、そのまま悪人と見なされなければならないのだろうか。

渋沢栄一の善悪にかんする価値観は極めて簡潔である。たとえ、悪人であったとしても、それを後悔し改めるならば、善人にもなりうるというのだ。

『論語』の「過ちては改むるに憚ること勿れ(注)」を引きながら、その過ちを悔い、世間体など気にせずに、きちんと改善に努めるならば、その人の罪を責めるべきではない、と渋沢は語っている。

(注)過ちを犯したことに気づいたならば体面など気にせず、ただちに改めるべきという意味。

青年の人格

私は青年に向かい、
ひたすら人格を
修養することを勧める。

『青淵百話』より

1929（昭和4）年12月、宮中賜餐に向かう車中にて。渋沢栄一（左）と孫の敬三（右）。

西洋近代に誕生した、絶えざる営利を追求する資本主義の労働倫理は、社会学者マックス・ウェーバーが言うように、プロテスタンティズムと密接にかかわっていた。

一方、日本では維新以後、西洋思想が流入してきたが、必ずしも根付いているとは言えなかった。また旧態依然の道徳は切り捨てられ、人々の価値観が大きく揺らいでいた。この昏迷《こんめい》を極める近代日本にあって、新しい世代に求められるのは、まずもって優れた人格を養うことこそが先決だと渋沢栄一は述べている。

これから社会に出る人へ

青年時代には
とかく空想にふける癖があるものだが、
学校を卒業したばかりの者が
実業界に入り、いきなりその手腕が
大いに振るえるものと
考えるのは間違いである。

『青淵百話』より

1931（昭和6）年6月、日本女子大学校校長就任挨拶をする渋沢栄一。

若者に宛てた渋沢栄一の助言である。大学を卒業し企業に入りたての若者は、自分なりの期待をもって仕事に臨む。しかし、はじめのうちは、自分の理想とは違った仕事が割り振られ、そのために若者は大概、愚痴をこぼす。不平だけならまだしも、近年では10人に3人は3カ月のうちに離職してしまうという。渋沢は社会には何事にも順序がある、と言う。つまらないと思う仕事も、そのつど、懸命に努力し、学ぶこと。そうすれば、仕事のほうからその人に引かれて付いてくるものである。

070 学校と会社の違い

もともと実業界の仕事は
実地経験を主としているので、
学校で学んだことが
すぐに役に立つことはない。
したがって実業界で
重要な地位を得るようになるまでには、
長年の経験と忍耐を要することを
覚悟しなければならない。

『青淵百話』より

1929（昭和4）年10月、明治大学商科会にて講演を行う渋沢栄一。

「学校卒業者の心得」と称して、いわば新卒採用の新社会人に宛てた渋沢栄一の言葉である。当時の学校卒といえば、それなりのエリートであるが、だからこそ、自身の望む仕事と実際の新人の仕事ではその落差は大きい。そのときに不平不満を述べるのではなく、新卒者は、実地での経験の乏しさに対し謙虚であるべきだと、渋沢は述べる。高い志を持ちながら、目の前の仕事を懸命にこなし、自分を磨き続ければ、きっと自分の望みどおりになるだろうと、若者を励ましている。

071 本当の教師とは

生活のために教育者になることについては異議はないとしても、自信を持って教育を行なうくらいの人ならば、少なくとも学識に伴う人格を備えていなければならず、そうあってこそ教育の本旨に添った訓導者と称することができる。

『青淵百話』より

1924（大正13）年6月、中外商業新報社・向上助成会にて、講演を行う渋沢栄一。

近年でも教育現場における人材不足は問題視されているが、「維新後、急に西欧諸国の文明が輸入された結果、（中略）就学時間が短いにもかかわらず、学ばなければならない科目が多く、教員を養成する期間もないものだから一般に優れた教員が少ない」（渋沢栄一著『立志の作法』国書刊行会）と渋沢栄一が述べているのを見ると、問題は今日と変わっていない。渋沢はこれに対して、学問の切り売りに終始し、人の模範になるという気概が教師には薄れている点を危惧していた。慧眼《けいがん》である。

人格がすべて

人格がどうであるかは
人間にとって最も大切なことである。

『青淵百話』より

自分の胸像と記念撮影をする渋沢栄一(撮影日不明)。

渋沢栄一は実業家の能力のなかでも、人格を重視していた。仕事の仕方や段取りというものは、技術の問題でもあり、一定の時間をかければ誰でも身につけることができる。だが、こと人格においては、その人の個性や年齢によってもさまざまに変わっていく性質のものであるため、ひと口に人格の修養と言っても簡単ではない。人は物事に対処するにあたって、喜怒哀楽愛悪欲の七情が動くとされる。この七情のバランスを保ち、常に努力を怠らないことこそ重要だと、渋沢は述べている。

073 日常から学べ

たとえば日常のことでも、考えようによってはすべてが学問ではないだろうか。

『青淵百話』より

1922（大正11）年1月、4回目のアメリカ視察より横浜駅に帰朝した渋沢栄一。撮影は渋沢篤二。

人格の修養といった際、修行者のように座禅を組んだりする人もあるだろう。忙《せわ》しなく活動する人にとっては時に静座し、沈思黙考するのも重要である。だが、むしろ人格は日常の立ち振る舞いに付いて回るものだ。やはり、日々の生活のなかで、修養を心がけることこそ大事である、と渋沢栄一は語る。これは学問についても同様である。何も四六時中、書に向かうことだけが学問ではない。諸事に対し、自省しながら対処することも、立派に学問的な態度であると、渋沢は述べている。

074 病は気から

人には気が備わっており、身体の状態は気すなわち精神の作用によってある程度まで左右されるものである。

『青淵百話』より

1925（大正14）年4月、
病気療養中の渋沢栄一。

91年という長い生涯を生きた渋沢栄一はその晩年まで、実業家として精力的に働き続けた。生涯に何度か、大病を患っているが、生涯現役を貫いた一生であった。ここで渋沢は率直に自身の健康法を語っているが、その数々の事業を類まれな精神力と自制心で困難を乗り切ってきた半生をうかがわせる。ある雑誌の質問に答えて、「事物に屈託せざるを予の保健法」であると述べて、くよくよ考えすぎないことが大事だとしている（渋沢栄一記念財団編『渋沢栄一を知る事典』東京堂出版）。

渋沢栄一の言葉 075 シブサワ流読書法

読書の要点は「心記」にあるに違いない。

『青淵百話』より

1931（昭和6）年4月、読書中の渋沢栄一。

幼い頃から、書物に親しんだ渋沢栄一であるが、実業家となってからも多忙な日々をぬって、移動中の車上から、就寝前の布団のなかでも、時間さえあれば読書をした。

特に彼が読書にあたって大切にした心がけが王荊公《おうけいこう》の「好書は心記に在り」という故事である。渋沢は読書家の心得として次のように語る。「読んで心に残らないような内容なら、膨大な数の書物を読破した者でも、一冊の書物をよく記憶している者には及ばないわけである」（渋沢栄一著『立志の作法』国書刊行会）

大いに遊べ

大いに働くこともある代わりに、
大いに遊んだり楽しんだり
することがなくてはならない。

『青淵百話』より

1927（昭和2）年5月、邸内の庭の手入れをする渋沢栄一。

同時代の実業家のように、骨董品収集などの趣味をもたなかった渋沢栄一は、他方、庭作りに慰みを感じ、次のように語っている。「本来の娯楽のようなものとしては庭園などが好きである。ここにこう小道を通じさせて、ここにこう樹木を植えて、石の配置はこうして、木の枝ぶりはこのようにとか、あるいは木の芽が萌えた、草に花が咲いたなどといったことを楽しみにするのは、心を慰め元気を養ううえで大きな効果があると思う」（渋沢栄一著『立志の作法』国書刊行会）

077

日々の習慣が大事

習慣はただ一人の身体につき
従っているものではなく、
他人にも感染するものである。
ともすれば、人は他人の習慣を
真似したがることもある。

『青淵百話』より

1926（大正15）年5月、朝、来客の対応をする渋沢栄一。

渋沢栄一は人の能力について、何よりも人格を大切にしていたが、この人格の修養は一朝一夕でなるものではない。それは日々の習慣によって鍛えられるものである。渋沢は言う。「習慣は、平生の人の行ないや所作が何度も重なって一つの決まったものになるのだから、それが自然に心にも働きにも及ぼし（中略）、ついにはその人の人格にも関係してくる」（渋沢栄一著『立志の作法』国書刊行会）。周囲の環境に左右され、悪い習慣に染まりやすいからこそ、常に警戒しなければならない。

大人物を育てた母親たち

とにかく優秀な人材は、
その家庭において
賢明な母親に可愛がられて
大事に育てられた例が非常に多い。

『青淵百話』より

1931（昭和6）年、渋沢栄一（右）と兼子夫人（左）。

渋沢栄一は日本女子大学校（現・日本女子大学）の設立に尽力するなど、早くから日本の女子教育に力を注いだ人間のひとりである。

だが他方で、個人の信条としてはやはり、守旧的な「良妻賢母」であることを女性に望む一面もあった。

ここでは、孟子やワシントン、楠木正成、中江藤樹、伊藤博文や桂太郎といった古今の偉人たちの賢母を引き合いに出し、偉人や賢人、哲人たちの出世には、婦徳によるところが大きい、と渋沢は語っている。

079

女性が活躍する社会

女子もやはり社会を構成するうえで、
その半分の責任を
負っているのだから、男子と同様に
重んじるべきではないだろうか。

『青淵百話』より

1923（大正12）年、長女・歌子（左）と渋沢栄一（右）。

日本近代のさまざまな制度を作った渋沢栄一はしかし、心情的には良妻賢母という保守的な立場を取っていた。だが、若い頃のパリ体験や、実業家としてたびたび訪れた海外では女性が多方面で活躍している様子を目の当たりにし、女子教育の必要性をひしひしと感じていた。

後年には、「女子に対する旧来の侮蔑的な考えを捨てて、女子も男子と同じ国民として才能、知恵を開かせ、ともに助け合」うべきだと説いている（渋沢栄一著『先見と行動』国書刊行会）。

1926（大正15）年5月、渋沢栄一（左）と兼子夫人（右）。

第4章
成功と失敗

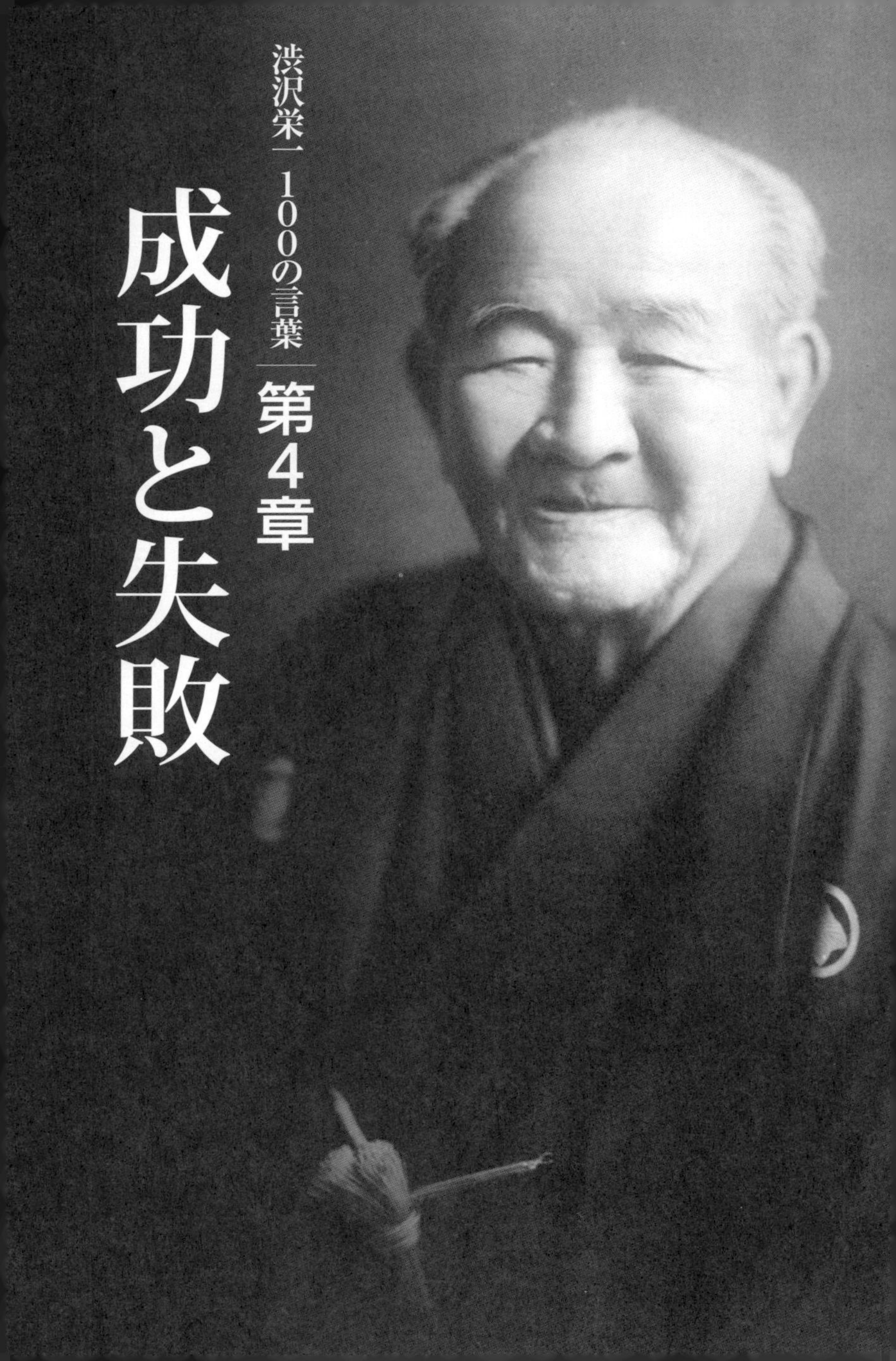

目的と手段

目的を達するにおいては
手段を選ばずなど、
成功という意義を誤解している。

『論語と算盤』より

1930（昭和5）年、90歳の頃の渋沢栄一。

「近頃、世間で「成功」という言葉が持てはやされ、金持ちになるのが処世の最大の目的であるように説く人もいる。すなわち手段や方法は何でもよい、金を貯めて成功しなければならない」（渋沢栄一著『徳育と実業』）といった同時代の風潮を批判する渋沢栄一は、同じ額のお金でも稼いだ手段によって、意味合いはまったく異なっていると主張していた。

賭博で稼いだお金はどこかやましいが、社会の有益になる形で稼いだお金は尊い。

お金には色があるのだ。

081

倹約すること

倹約ということは
ただ単に物を節約するという
消極的一方だけではよろしくない。

『論語講義』より

1924（大正13）年6月、インドの詩人タゴール（左）と渋沢栄一（右）。

渋沢栄一は必ずしも清貧こそ尊いという考えに立った人間ではなかった。近代国家の確立を急務と考えた渋沢の問題意識は次の言に端的に表現されている。「倹約という言葉は、費用が小額であることを意味している。もし費用が小額で足りるとすれば、その人の収入も小額で足りることになるのではないか。このようなことを突き詰めて考えると、人はみな貧困に甘んじるようになり、ついには国家もまた貧困になっていく恐れがある」（渋沢栄一著『国富論』国書刊行会）。

082

有限の富みと無限の幸福

富には限りがあるから、
有限をもって無限を救うことはできない。
しかし、すべての人に幸福を与えたいのは、
吾人の本願で、これ実に人類の道心である。

『渋沢栄一訓言集』より

渋沢栄一の肖像（撮影日不明）。

渋沢栄一は「ビジネスといえども公益を追求することが大前提」（渋沢栄一記念財団編『渋沢栄一を知る事典』東京堂出版）と考え、事業経営の傍ら、慈善活動に従事し、生涯を通じて多額な寄付を行っていた。会社はその利益に応じて税金を支払うかたちで社会貢献をするので、それ以外の社会貢献をする義務はないとするようなリベラル経済学的な立場とはかなり立場を異にしていた。寄付のあり方もビジネスと同じく、広く出資者を募る合本法を貫き、多くの人の参加を推奨した。

083

アメリカ人気質

アメリカ人に接触して得た
アメリカ人気質というものを一言で言うと、
総じていわゆる直情径行
つまり思い隠さず物事をはっきりと言い、
思い切りのよさがあり、
知力が非常に豊かであり、思ったことは
必ず成し遂げる気性を持っていた。

『青淵百話』より

1909年(明治42)年、アメリカを視察する実業団一行。

渋沢栄一は生涯に4度、アメリカに視察に訪れている。日米の政治的な冷え込みから、民間の立場で国際交流を深めることを目指していた。しかし、その一方で、歴史は浅いながらも、資本主義の先進国として、大きな国力を得るに至った理由を渋沢なりにつかむための旅でもあった。なかでも当時、アメリカ大統領のウィリアム・タフトや、セオドア・ルーズベルト、石油王と称されたジョン・ロックフェラーといった名だたる政財界の大物と出会い、交流を深めた。

論語読みの論語知らず

私は普段、論語を好んで
読むけれども、
いまだにその教えが
よく実行できている
というわけにはいかない。

『青淵百話』より

渋沢栄一は「実業界から見た孔夫子」という演題で講演を行った。常に自己精進を旨とする渋沢ならではの分析だ。渋沢ほど、実業界において孔子の説く道徳を重視した人間はいなかった。

「人の心を思いみることが少なく、道徳を大切にする心が薄らいだ現在、世の中の人々が繁栄し幸福になるように、再び孔子の教えを役立てたいと願うばかりである」（渋沢栄一著『国富論』国書刊行会）と同じ講演のなかで、自分の晩年の抱負について、語っている。

1929（昭和4）年6月、屈伸運動をする渋沢栄一。

085

天命に背くなかれ

天命とは人生に対する絶対的な力である。
この力に反抗して
物事を成し遂げようとしても、
それが永久に遂げられるものではないことは、
必ずしも私が説くまでもなく、
すでに幾多の歴史がこれを説明している。

『青淵百話』より

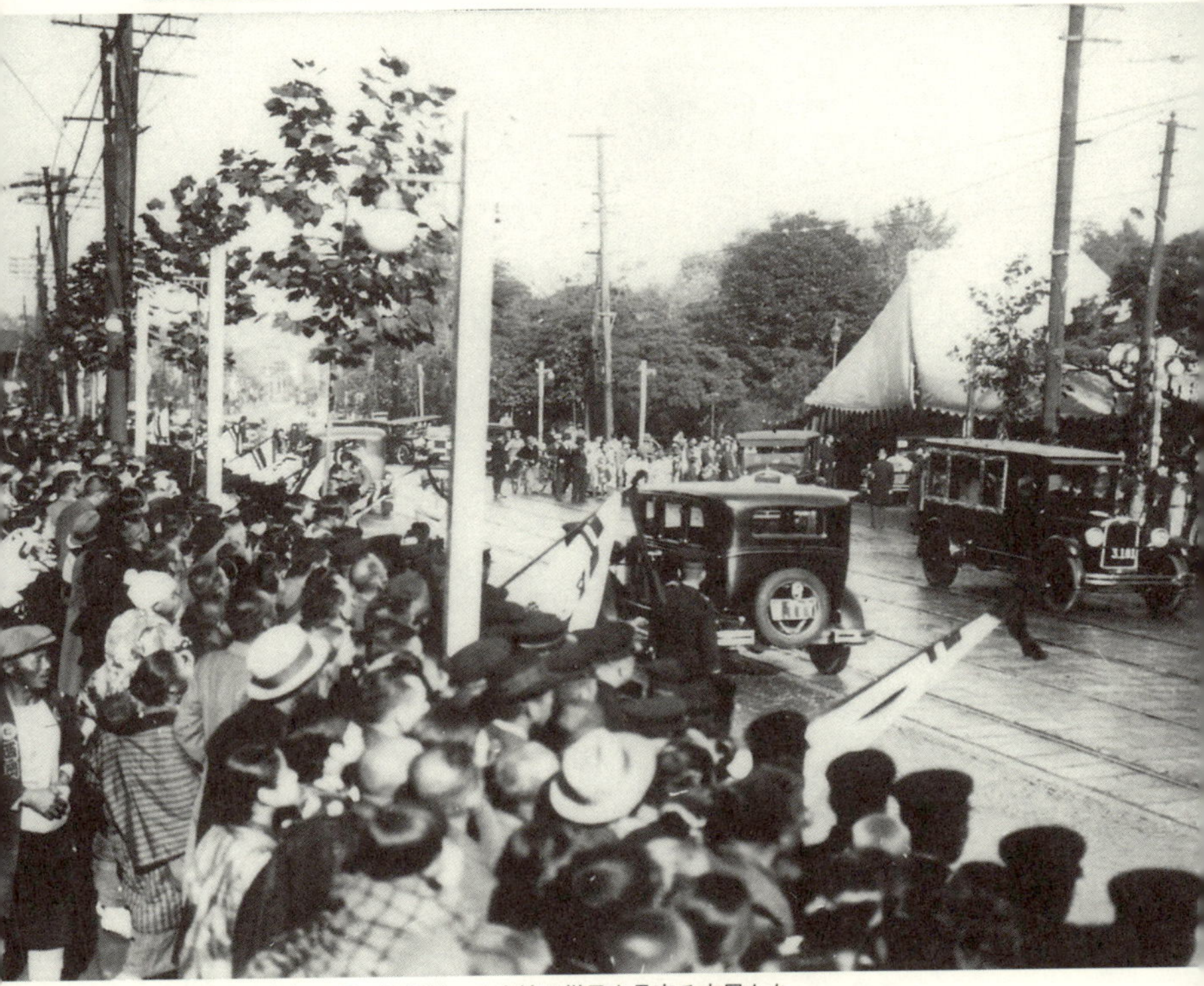

1931(昭和6)年11月、渋沢栄一の出棺の様子を見守る市民たち。

渋沢栄一にとって、成功とは決して多くの財を成すことではなかった。もちろん、それによって公共の利にかない、多くの人が富むならば、これは天の理に従うものである。だが、私利私欲に走り、自分の欲望のみのために他者を犠牲にするような人間は、歴史上、その栄華が長続きした者はいない。渋沢は言う。「かの『天命を知る』時において、人は初めて社会的で秩序だった活動ができるとともに、その仕事も永久的な生命のあるものとなる」(渋沢栄一著『徳育と実業』国書刊行会)と。

086 失敗も天命である

事に当たって一度こう決定するまでには
深思熟慮を巡らし研究考察もするが、
決定した以上は決して心を迷わすことはない。
一旦きめれば必ず萬心して休むことなく、
それによってたとえ失敗することがあっても、
これは天命であるとあきらめる。

『青淵百話』より

渋沢栄一の意志の強さがうかがえる一節である。

彼の事業は国内に留まらず、韓国や中国での開発や支援など、自分の利益を犠牲にしてまでも、多岐にわたる事業を推進した。事業成功のためには、あらゆる努力を惜しまなかったからこそ、たとえ結果が失敗であっても、「力を尽くしてもどうにもならないものであれば、もはや後悔しても泣いてもしかたがないではないか」（渋沢栄一著『徳育と実業』国書刊行会）と、すぐ次の事業に向けて新たな努力に邁進していた。

1929（昭和4）年6月、屈伸運動をする渋沢栄一。

087 失敗に動じるな

正義の人道を踏んで失敗したならば、
私はむしろ失敗により
安心を得るつもりである。

『青淵百話』より

1927（昭和2）年6月、東京銀行倶楽部主催の新旧蔵相迎送会の様子。座している人物は、左から三上忠造、渋沢栄一、高橋是清。

渋沢栄一の根本思想である「道徳経済合一説」が端的にわかる一節である。

「第一、不条理なことをして成功しても、それが真の成功でないことを思えば、そんな形ばかりの成功に対しては良心が満足していられない」「人道を踏み外して成功の地位に到達しても、それは極めて価値が小さい」（渋沢栄一著『徳育と実業』国書刊行会）と述べるとおり、渋沢にとって実業上の成功失敗は、道理に外れないことが一番の大前提であり、唯一の処世術だったのである。

088

揺れる青年期

告白すれば、私の志は
青年期においては
しばしば揺れ動いた。

『青淵百話』より

パリにて、髷を切った渋沢栄一。

初志貫徹の人として知られた渋沢栄一も、何者でもなかった青年時代にはしばしば揺れていた。従兄弟らと攘夷運動に身を投じながら、その後は徳川昭武のパリ万国博覧会出席に随行し、いち早く西洋の生活に順応。官尊民卑の打破の観点から、官職に就くつもりはなかったにもかかわらず、説得され民部省、大蔵省で手腕を振るい、民間の立場で実業家となったのは1873（明治6）年のことだった。このときが自身の本当の立志だったと渋沢は後年、語っている。

089

功名心は欠かせない

功名心は人が物事を行う際に最も尊ぶべきことだが、また人に多くの過ちをもたらす要因でもある。

『青淵百話』より

1927(昭和2)年11月、東京商科大学にて、自分の胸像の除幕式に出席した渋沢栄一。

渋沢栄一は、孔子の言葉を記したとされる『孝経《こうきょう》』から「身を立て、道を行い、名を後世に揚げ、以て父母を顕すは孝の終なり」の一節を取り上げ、これこそが真の「功名」であると説いている。

功名心は人生に欠かせない、生きる意欲となる欲望であるが、他方で世間では功名心は卑しいものとされる。

渋沢もまた、功名心には道理が伴うべきだと考え、これを知らずに功名心に駆られる者は、不完全な飛行機に乗ってケガをするようなものだと断じた。

成功と失敗がすべてではない

人の成功、失敗は、必ずしも成敗《せいはい》だけで論じることはできない。

『青淵百話』より

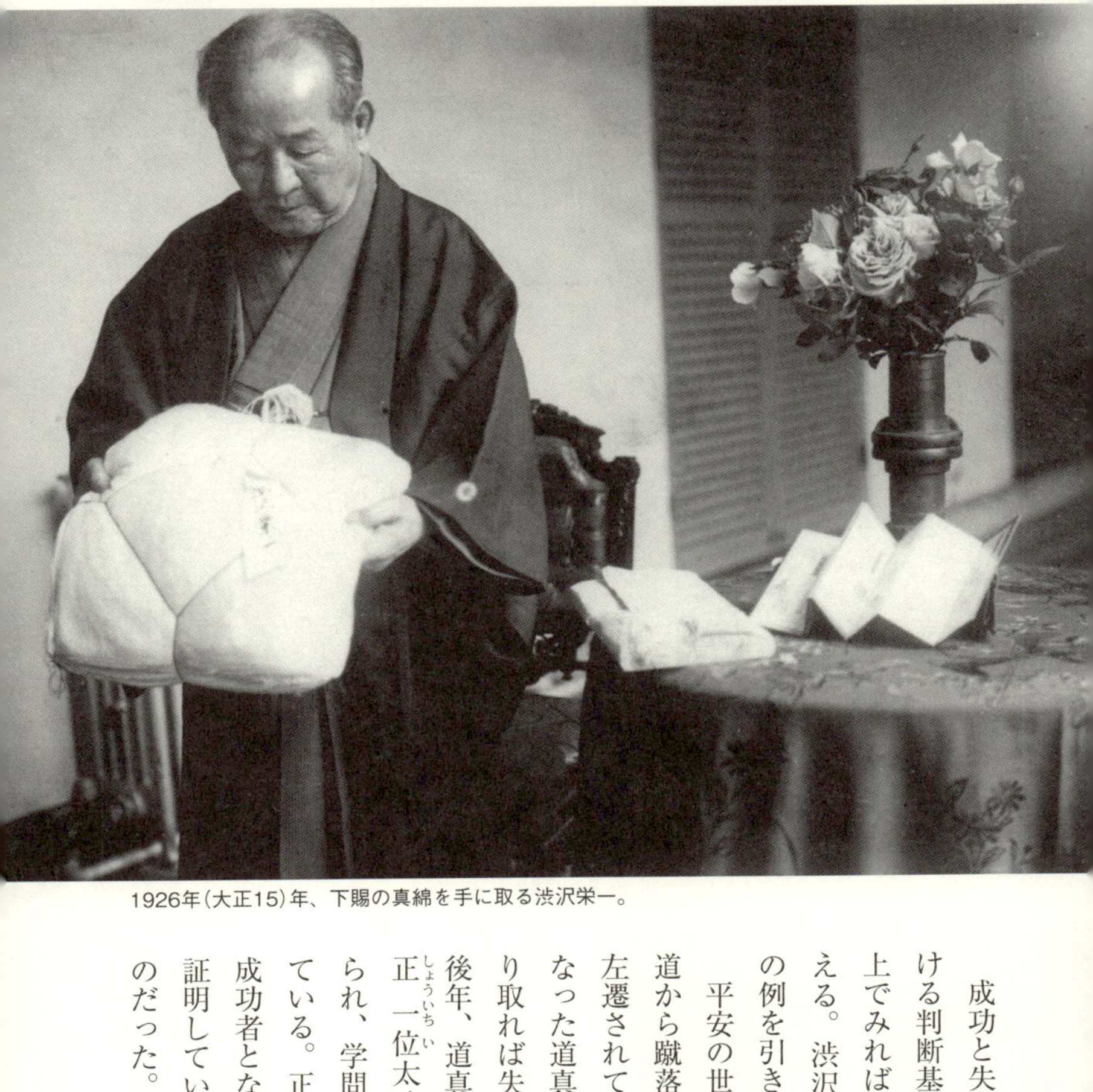

1926年(大正15)年、下賜の真綿を手に取る渋沢栄一。

成功と失敗という処世における判断基準も長い歴史の線上でみれば、意味は大きく違える。渋沢栄一は菅原道真《すがわらのみちざね》の例を引き合いに語っている。

平安の世にあって、出世の道から蹴落とされ、大宰府に左遷されて失意のうちに亡くなった道真は、そこだけを切り取れば失敗者である。だが、後年、道真の功績は評価され、正一位《しょういちい》太政大臣の高位を贈られ、学問の神として祀《まつ》られている。正義道徳に適う者が成功者となることを、歴史が証明していると渋沢は論じたのだった。

091

成敗の先にあるもの

要するに現代の人は、
ただ成功や失敗ということを眼中に入れて、
それよりもっと大切な
天と地の間の道理を見ていない。
人としての務めを忘れている。

『青淵百話』より

1929（昭和4）年1月、揮毫中の渋沢栄一。

渋沢栄一の故郷・血洗島村に、ある働き者の老人がいた。朝は4時に起き、夜0時に就寝するまで働きづめで、その結果、相当な資産を手にしていた。しかし、老人は贅沢をすることなく、変わらず朝から晩まで働いていた。どうしてそんなに働くのかと近所の人に不思議がられて問われると、その老人は「勉強して自分を整えることほど、面白いことはない。働くことは何より楽しく、そうするうちに楽しみの粕ができる」と述べたという。渋沢はこの逸話を後年まで肝に銘じていたという。

運命に甘えるな

知者はみずから運命を作ると聞いているが、
運命だけが人生を失敗するものではなく、
知恵がこれに伴って
初めて運命を拓くことができる。

『青淵百話』より

1926年（大正15）年、渋沢栄一（右）と兼子夫人（左）。

渋沢栄一は道徳こそ、人生において尊ぶべきものと考えたが、成功と失敗の処世にかんしては、必ずしも高い徳だけでは満足とは言えないと語る。物事の先を読む知力が無ければ、絶好の機会を逸し、自らに運を引き寄せることもできない。渋沢は豊臣秀吉と徳川家康の例を挙げている。秀吉の天下の後、豊臣氏の栄華が続かず、家康の天下となり、徳川氏が２６０年近くの太平の世を築けたのも、家康の万事に備えた知力のおかげである。巡ってきた運命を見事に活かしえたからなのだ。

運命と天命

とにかく人は、誠実に努力し
勉強に励んで運命を待つほうがよい。
もし、それで失敗したら、
自分の知力が及ばなかったためだと諦め、
また成功したら知恵が活かされたとして、
成敗にこだわらず天命に安んじればよい。

『青淵百話』より

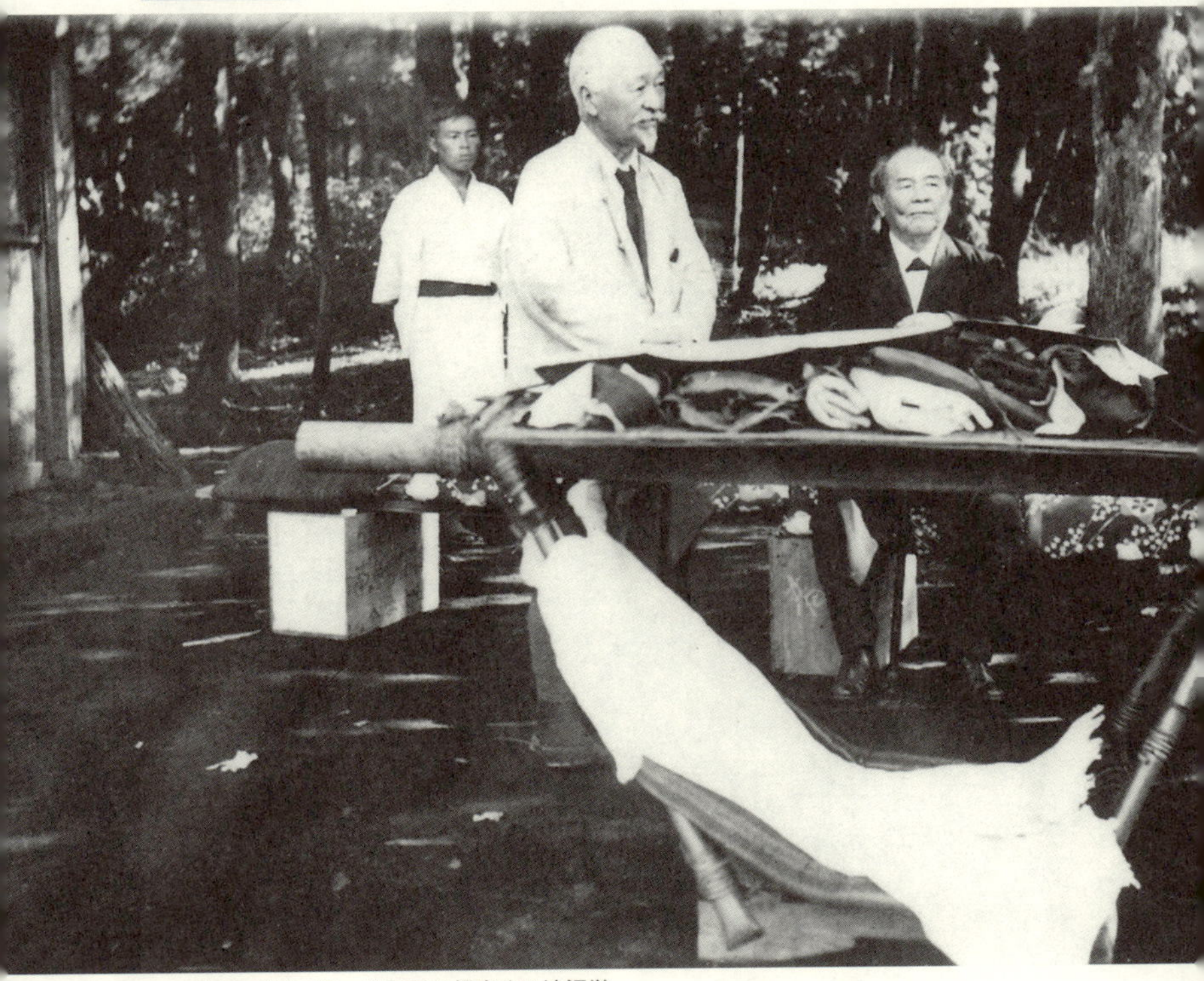

1920（大正9）年8月、仙石原を視察する渋沢栄一。

成功のチャンスをつかむためには、常に勉学に励んで、知性を高め、好機を逸しないよう準備を怠らないことが大事だ。しかし、人の運というのは自分ではどうすることもできないときもある。これこそ天命だとあきらめ、次に備えるほかない。このように論じる渋沢栄一は、しばしば非常に「温厚で乱れることなく、勇気があり、度胸のすわった人物」と言われていた。その時だけの成功や失敗にとらわれることなく、何事にも動じない渋沢の態度は、こうした天命論に裏打ちされている。

愚痴はこぼすな

不平というものは
人を驕りたかぶらせ、
怠け心を生じさせ、恨み嘆かせ
愚痴をこぼさせるものである。

『青淵百話』より

1923（正12）年8月、三越石垣会で講演をする渋沢栄一。

世の中、不平の種を探せばいくらでも見出すことができる。不平不満や愚痴の多くは自分の境遇を嘆くばかりで、それを改善するための行動に結びつかないことがしばしばだ。それならば愚痴など、こぼさずに自分を高めることに集中したほうがよい。

　渋沢栄一は「自身の仕事を忠実に真面目に守ってさえいけば、他からその人に立身出世という名誉をいただけることを忘れてはならない」（渋沢栄一著『立志の作法』国書刊行会）と、成功の秘訣《ひけつ》を語っている。

095

思いどおりにならないとき

何事によらず、
世の中のことが自分の思ったとおりに
なることは少ないので、
そこに一つの「あきらめ」を持ち、
ある程度まで不幸なことにも
耐えていかなくてはならない。

『青淵百話』より

1931（昭和6）年9月、最晩年91歳の渋沢栄一。

社会に出ると、自分の思いどおりにならないことのほうがずっと多い。そんなときに、むやみに焦って事を失するよりも、覚悟を決めて、あきらめることも大事である。渋沢栄一はここに引用した言葉に続けてつぎのように語っている。「この耐えることもたび重なればそれがおのずと習慣になって、ついにはつまらないことに不平などもたないようになり、何ごとも大局を見て楽観することができる」（渋沢栄一著『立志の作法』国書刊行会）と。大人物の渋沢らしい言葉である。

つまらない仕事こそ意味がある

仮につまらないと見える仕事でも、
これを一所懸命に
喜んで行う者でなければ、
責任をもって
仕事をする人であると言えない。

『青淵百話』より

1926（大正15）年4月、日仏会館にて、フランス極東海軍司令官場ジール少将一行歓迎会に出席した渋沢栄一。

渋沢栄一が経営者の立場から若者に向けて語った言葉である。仕事に意欲をもち、大きな期待を抱いて会社に入ってくる新卒の社会人ほど、自分の理想と最初に与えられる仕事の地味さに大きなギャップをしばしば感じる。だが、事業上、どんな小さな仕事でも重要なもので、ひとつでも欠ければその事業は不完全なものになる。それを疎かにする無責任者には「重要な仕事はそういう人には与えられない」（渋沢栄一著『立志の作法』国書刊行会）と渋沢栄一は語っている。

097 服従と反抗

服従は善意に解釈され、反抗は悪意として見なされるようだが、必ずしも服従は善意とは限らず、反抗も悪意ではない場合がある。

『青淵百話』より

1929（昭和4）年10月、聖路加国際病院にて、アメリカ元大統領ウィルソン未亡人エディス・ウィルソン歓迎会に出席した渋沢栄一。

とかく稟議《りんぎ》と談合が重視される日本社会の風潮では、服従者は善であり、なにかにつけうるさいことを言う反抗者は悪と見なされがちである。部下は上司の命令に素直に従えばよいわけではない。上司の横暴によって、会社組織、ひいては社会に不利益があると判断するならば、反抗する勇気もときに必要である。しかし、このときに上司の不正をきちんと判断する知恵と道徳を、人は身につけていなければならない。状況を判断するための努力を怠ってはならないのである。

098

逆境なんてものは存在しない

もし、その人に優れた知能があり、
自分に不足しているところを
補うように勉強していけば、
決して逆境に陥るはずはない。

『青淵百話』より

1926（大正15）年11月、産業文化博覧会を訪れた渋沢栄一。

人生には平静無事に事が進む順境の場合と、失敗や挫折が続く逆境とがあるというが、しばしば逆境に一度陥ると、思考停止し、人為《じんい》の及ばぬ運命と勘違いしやすい。しかし、実際のところ、順境も逆境も「人の賢さ愚かさ」すなわち、人為的に起こるものだと渋沢栄一は次のように語っている。

「勉強や知恵が足りないところから逆境を招き入れ、それとは反対に勉強が十分であれば知恵もつき、（中略）順境に立つことができるのは自然の理《ことわり》である」（渋沢栄一著『立志の作法』国書刊行会）

どうにもならないとき

もし誰でも自然に逆境に立った場合には、第一にそれが自分の本分であると覚悟するのが唯一の策だろうと思う。

『青淵百話』より

1925（大正14）年1月、村井吉兵衛の弔問に訪れた渋沢栄一。

順境逆境の多くは人為的に起こるものだが、災害なども含めて、人の手ではどうすることもできない逆境も確かに存在する。そんなとき、人はどうすればよいか、渋沢栄一はここで端的にあきらめの覚悟をもつことが肝要だと述べ、次のように語っている。

「足るを知りて分を守り、これをどんなに焦って考えたとしても天命なのだからしかたがないとあきらめれば、どんなに対処しにくい逆境にいても、心は平静になるに違いない」（渋沢栄一著『立志の作法』国書刊行会）

働く勇気をもつこと

世の中に立つ者は常に勇気が必要になり、
とくに実業界に携わる者にとっては
非常に必要性が高い。
勇気が足りない者は、
処世上の飢餓者に等しいものである。

『青淵百話』より

1926（大正15）年5月、飛鳥邸を出、事務所へ向かう渋沢栄一。

果断決行の人であった渋沢栄一は、彼を知る多くの人が回想しているように、まさしく勇気の人であった。人はたとえ傑出した能力があり知恵があったとしても、それを実行に移すための勇気がなければ、宝の持ち腐れである。

旧来の悪しき伝統である官尊民卑の打破を訴え、合本法と道徳経済合一説に則《のっと》って、日本に新しい経済の仕組みを作ろうと尽力した渋沢栄一。アイデアだけでなく、それを実行に移し、実現することができたのも、ひとえに偉大な勇気だったのである。

渋沢栄一年譜

1840—1931

年齢	事歴	主な出来事
0歳　1840年	2月13日、武蔵国榛沢郡血洗島村（現・埼玉県深谷市血洗島）に父・渋沢市郎右衛門元助、母・エイの長男として誕生。幼名は栄二郎。	アヘン戦争勃発。
16歳　1856年	岡部陣屋で御用金納付を申しつけられる。	クリミア戦争終結。アメリカ初代総領事ハリス、下田に着任。
18歳　1858年	尾高惇忠の妹（従妹にあたる）の千代と結婚。	安政の大獄。
23歳　1863年	高崎城乗っ取り・横浜外国人居留地焼き討ちを計画するが、中止し、従兄・渋沢喜作（成一郎）とともに京都へ向かう。	8月18日の政変。
24歳　1864年	一橋家に出仕。御用談所下役になる。	禁門の変。

27歳 1867年	パリ万国博覧会幕府使節・徳川昭武の随行員としてヨーロッパへ。翌年帰国	大政奉還、王政復古の大号令の布告。
29歳 1869年	静岡藩勘定頭支払同組頭格勝手掛老中手附、静岡商法会所を設立。頭取に任ぜられる。	徳川慶喜の謹慎解除。事実上の東京遷都。
31歳 1871年	大蔵大丞に任ぜられる。	新貨幣条例制定。廃藩置県実施。
32歳 1872年	大蔵省三等出仕、大蔵少輔事務取扱となる。	新橋―横浜間、鉄道開通。
33歳 1873年	大蔵省を退官。第一国立銀行総監役に就任。	欧米で大不況。
35歳 1875年	第一国立銀行頭取に互選。 東京会議所会頭兼業務科頭取になる。 東京鉄道会社設立を主導。	平民苗字必称義務令。 江華島事件発生。
36歳 1876年	東京府養育院ならびに瓦斯局事務長に就任。	廃刀令公布。
38歳 1878年	東京商法会議所会頭および内国商業事務委員長に選出。	大久保利通暗殺。
39歳 1879年	東京海上保険会社を設立。東京府養育院院長に任命。	琉球処分。
42歳 1882年	妻・千代がコレラで死亡。 大阪紡績会社、共同運輸会社を設立。	コッホが結核菌を発見。
43歳 1883年	兼子と再婚。	鹿鳴館完成。
44歳 1884年	浅野セメント工場成立。経営支援を行う。	秩父事件発生。

47歳 1887年	日本煉瓦製造会社創立、同会社・理事に就任。 帝国ホテル創立発起人総代、東京人造肥料会社創立委員長となる。 東京手形交換所設立。	エスペラント語、発表。
49歳 1889年	渋沢同族会第一回会合を開く。	大日本帝国憲法発布。
53歳 1893年	日本郵船株式会社取締役、東京瓦斯会社取締役会長に就任	ハワイ革命勃発。
54歳 1894年	札幌麦酒株式会社取締役会長に就任。	日清戦争勃発。
57歳 1897年	日本女子大学校創立委員会会計監督に就任。	金本位制導入。
60歳 1900年	男爵となる。韓国視察。	足尾銅山事件、深刻化。
62歳 1902年	日本興業銀行設立。兼子夫人同伴で欧米視察。	日英同盟成立。
67歳 1907年	帝国劇場株式会社創立、取締役会長に就任。	ハーグ密使事件発生。
69歳 1909年	主な関係企業・団体の役職を辞任。 渡米実業団団長としてアメリカ視察。	伊藤博文暗殺。
70歳 1910年	財団法人二松義会顧問に就任。	韓国併合。
73歳 1913年	日本実業協会会長に就任。	パナマ運河開通。
74歳 1914年	中国視察。	第一次世界大戦勃発。
75歳 1915年	パナマ太平洋万国博覧会視察。	日本、中国に21カ条の要求。

76歳 1916年	財団法人理化学研究所創立院長に就任。	夏目漱石死去。
80歳 1920年	社団法人国際連盟協会会長、財団法人日華学会会長就任。子爵となる。	国際連盟創設。
81歳 1921年	ワシントン軍縮会議視察。	原敬暗殺。
83歳 1923年	大震災善後会副会長に就任。	関東大震災発生。
86歳 1926年	社団法人日本放送協会顧問に就任。	大正天皇崩御。
87歳 1927年	日本国際児童親善会会長に就任。	芥川龍之介、服毒自殺。
89歳 1929年	中央盲人福祉協会会長に就任。	世界大恐慌。
91歳 1931年	日本女子大学校校長に就任。11月11日、死去。	満州事変勃発。

監　修

津本 陽(つもと・よう)

1929年、和歌山県生まれ。東北大学法学部卒業。78年に『深重の海』で第79回直木賞、95年に『夢のまた夢』で第29回吉川英治文学賞を受賞。著書に『小説 渋沢栄一』『異形の将軍 田中角栄の生涯』『勝海舟 私に帰せず』『覇王の夢』(いずれも幻冬舎文庫)、『松風の人 吉田松陰とその門下』(幻冬舎時代小説文庫)、『幸村去影』(徳間時代小説文庫)、『信長影絵』(文春文庫)、『「本能寺の変」はなぜ起こったか 信長暗殺の真実』(角川oneテーマ21)などがある。

画像提供

渋沢史料館／共同通信社／国立国会図書館／アフロ

参考文献(順不同)

津本陽著『小説 渋沢栄一』(幻冬舎文庫)、島田昌和著『渋沢栄一』(岩波新書)、島田昌和編『原典で読む 渋沢栄一のメッセージ』(岩波現代全書)、井上潤著『渋沢栄一』(山川出版社)、公益財団法人渋沢栄一記念財団編『渋沢栄一を知る事典』(東京堂出版)、渋沢青淵記念財団竜門社編『渋沢栄一訓言集』(国書刊行会)、渋沢栄一著『国富論』『徳育と実業』『立志の作法』『先見と行動』(いずれも国書刊行会)、渋沢栄一著『渋沢百訓』『論語と算盤』(ともに角川ソフィア文庫)、渋沢栄一著・守屋淳編訳『現代語訳 渋沢栄一自伝』(平凡社新書)、渋沢栄一著・守屋淳訳『現代語訳 論語と算盤』(ちくま新書)、渋澤健著『渋沢栄一 100の訓言』『渋沢栄一 100の金言』(ともに日経ビジネス人文庫)、渋沢史料館企画・監修『CD「肉声で聞く渋沢栄一の思想と行動」』渋沢史料館ほか多数。

渋沢栄一
100の言葉

(しぶさわえいいちひゃくのことば)

2016年6月25日　第1刷発行
2024年8月12日　第6刷発行

監　修　津本 陽
発行人　関川 誠
発行所　株式会社宝島社
〒102-8388　東京都千代田区一番町25番地
電話：営業03(3234)4621／編集03(3239)0928
https://tkj.jp
印刷・製本　サンケイ総合印刷株式会社

ISBN978-4-8002-5572-3